...und der Seele wachsen Flügel

Impressum

Texte: Wilfried Albeck

Bearbeitung: Sonja Albeck

Titelfoto: Karl-J. Gramann
51465 Bergisch Gladbach

Erschienen im: Verlag Albeck
74223 Flein

Satz: digitale medien print gmbh
74076 Heilbronn

Druck: Druckerei & Verlag Steinmeier
86738 Deiningen

Kirchgasse 14, 74223 Flein
albeck@saitenwurscht.de
www.saitenwurscht.de

ISBN 978-3-9815963-4-2

Inhaltsverzeichnis Seite

Vorwort

Nach über zwanzig Jahren des Schreibens von schwäbischen Mundartbüchern, halten Sie hier unser erstes Buch mit Texten christlichen Hintergrunds in Händen.

Auch bisher war es uns immer wichtig, in unseren Büchern nachdenkliche Zeilen einfließen zu lassen, in denen sich die Leserschaft selbst hinterfragen kann. Bei vielen Auftritten in bürgerlichen wie auch kirchlichen Gemeinden erleben wir immer wieder, welche Kraft und Wirkung gerade diese Texte und Denkanstöße besitzen. Diese Erfahrung war gleichermaßen Impuls und Motivation, unser ungewohntes Werk entstehen zu lassen. Wir möchten hier den Versuch wagen, einen Teil dieser Eindrücke, Erlebnisse und Erfahrungen in unserer eigenen Sichtweise wiederzugeben.

Dabei haben wir für unseren persönlichen Lebensweg vor allem Gott zu danken! Dank für die Hilfe und Gnade, uns neue Türen und Aussichten zu öffnen und uns dabei immer wieder aufzurichten und zu tragen.

Übrigens, nicht nur wir Menschen sind ständig unterwegs auf unseren vielfältigen Wegen, auch im Reich der Tiere findet sich manch erstaunliches Geschöpf. So auch der auf unserem Buch abgebildete kleine Monarchfalter. Dieser Schmetterling zählt ganz sicher zu den unglaublichen „kleinen Wundern" dieser Welt.

Jedes Jahr unternehmen diese Falter eine bis zu 4000 Kilometer lange Reise – von Kanada bis nach Mexiko – und bewältigen diese Strecke und zusätzlich noch den Rückweg nur, indem sie bis zu vier neue Generationen bilden, die immer einen weiteren Abschnitt des Weges zurücklegen.

So erreichen erst die Urenkel der einstmals gestarteten Schmetterlinge wieder das Ziel und das, obwohl sie den Ausgangspunkt selbst noch nie gesehen haben.

Ein buntes und sichtbares Zeichen unglaublicher Schöpfung!

*

Bereits an dieser Stelle möchten wir all jenen Menschen von Herzen Danke sagen, die uns als Ideengeber, Kritiker und Begleiter in unserer Arbeit unterstützt, gefördert und bestärkt haben. Auch jenen, die vielleicht gar nicht wissen, dass sie Impulsgeber zu einem der Texte gewesen sind. Darüber hinaus geht ein großes Dankeschön an den „Ermutiger" Johannes Warth, der einige wertvolle Anregungen beigesteuert hat und nicht zuletzt an Pfarrer Dr. Rolf Sons, der uns als zugeneigter Nachbar freundschaftlich zur Seite stand. Nicht vergessen wollen wir aber auch all jene Autoren, von denen kurze Zitate und Gedanken mit eingeflossen sind.

Nun hoffen wir, dass Sie trotz aller Nachdenklichkeit, trotz all den kritischen Fragen und gewollten Denkanstößen auch immer wieder auf diesen wertvollen, belebenden und befreienden Optimismus und Humor stoßen, von dem wir Ihnen ein großes Stück mit auf den Weg geben möchten.

Viele erfrischende Ansichten, Einsichten, Impulse und Ermutigungen wünschen Ihnen heute und in Zukunft

Ihre
Sonja und Wilfried Albeck

zu oder offen

Ach wie schön, endlich kann ich mir die Zeit nehmen zum Zuhören, Zusehen, Zustimmen, Zuwenden – einfach ein wenig Zeit nehmen zum Zu…

Nur fällt mir jetzt auf, dass überall diese kurze Vorsilbe „zu" steht. Also nicht „offen", sondern „geschlossen".

Die deutsche Sprache unterscheidet hier schon ganz genau. Zuhören ist grundsätzlich ein anderes Sinnesempfinden als anhören, also wenn die Ohren dabei aufmerksam geöffnet bleiben. Genauso verhält es sich mit Zusehen, denn bei geschlossenen Augen bleibt mein Bild dunkel und unterbelichtet. Bei etwas nur zuzustimmen ist doch bei weitem nicht so erbauend, als wie selbst etwas anzustimmen. Kann denn beim Zuwenden überhaupt Liebe fließen, wenn das Herz nicht dabei ist?

Unsere Sprache und unsere Ausdrucksformen haben sich so manifestiert, dass es uns kaum noch möglich scheint, etwas zu hinterfragen. Oft traut man sich schon nicht mehr, weil man befürchtet, irgendwo anzuecken. Doch sollten unsere ungewohnten Fragen plötzlich ungläubiges Staunen hervorrufen, so haben wir einen Volltreffer gelandet. Staunen und Verwunderung sind gute Zeichen dafür, dass der Denkprozess wieder neu in Gang kommt. Ich darf mir nicht nur etwas Neues zutrauen, nein, ich kann mir dabei selbst vertrauen und mich anvertrauen! Will ich in Zukunft ein Zulasser oder ein Anlasser sein? Soll ich angstvoll und zögerlich sein vor dem, was auf mich zukommt oder will ich ankommen?

Ach, fast hätte ich jetzt vor lauter Nachdenken vergessen, dass ich doch viel mehr Vordenken sollte – und schon wieder staune ich über diese so normalen und andererseits so unheimlich bedeutungsvollen Vorsilben. Aber jetzt will ich endlich das tun, was ich mir eigentlich vorgenommen hatte und mir Zeit nehmen. Für was, wird sich zeigen. Nur eines ist mir bei meinen Überlegungen bewusst geworden: Ich will nicht mehr nur zuständig sein, sondern dies auch anständig tun. Okay, das wäre zwar nur ein guter Vorsatz – aber immerhin...

∞

„Furcht ist nichts anderes, als dass einer nicht wagt, sich von seinem Verstand helfen zu lassen."

(Bibel, Weisheit Salomos, 17, 11)

neue Sicht

Einmal nicht aufgepasst und schon zerspringt klirrend mein schönes Weinglas in tausend Scherben. Wenigstens war es leer, so dass zum Unglück des zerbrochenen Glases nicht auch noch ein hässlicher Fleck dazukommt.

Wenn ich die Scherben so betrachte, die jetzt am Boden liegen, gehen mir plötzlich ganz sonderbare Gedanken durch den Kopf. Das Glas hatte einen herrlichen Glanz, indem sich das Licht spiegelte und wenn man genau hinschaute, konnte man sein eigenes Spiegelbild darin erkennen, nur ganz verzerrt, durch die Rundung des Glases entstellt. Jetzt aber schauen mich viele Spiegel an, große und kleine. In jedem finde ich mein Gesicht und sehe mich anders, mal rund und dick, mal schmal und lang, ganz verschieden. Immer noch das gleiche harte Material, doch auf einmal völlig verändert und neu.
Aus einem großen Ganzen ist Vielfalt entstanden. Oder war diese Vielfalt schon zuvor vorhanden, nur noch verborgen und eingeschlossen? Sind alle Dinge, die neu entstehen, bereits Wirklichkeit – und nur versteckt, dazwischen gelegt wie Zettel in einem Buch? Wir wissen es nicht und können nur vermuten, hoffen und glauben. Doch würden wir

nicht den Versuch wagen und darin blättern, dann würden wir die verborgenen Geheimnisse niemals entdecken.

Ich betrachte mir noch einmal die Scherben, dann fege ich alle zusammen und werfe sie in den Müll. Aber mein Eindruck steht fest: Wenn eine heile Welt zerbricht, so finden sich dahinter viele neue Welten, auch schöne – vielleicht noch schönere.
In Gedanken trage ich diesen Eindruck noch lange in mir, aber schön vorsichtig. Mit so zerbrechlichen Dingen muss ich vielleicht etwas mehr Vorsicht walten lassen – wie schnell könnte ich etwas Neues zerstören und mich dabei selbst verletzen...

∞

„Und wird die Welt auch noch so alt,
der Mensch, er bleibt ein Kind!
Zerschlägt sein Spielzeug mit Gewalt,
wie eben Kinder sind!

Wenn alles erst in klein zerstückt
und nichts mehr zu verderben,
so sucht er wieder – neu beglückt
und spielt dann mit den Scherben."

(Carl Spitzweg, dt. Apotheker und Maler)

Hürdenlauf

Eigentlich ist es doch gut – so wie es ist. Warum soll ich da etwas verändern, wenn ich gar nicht weiß, ob es dann hinterher besser ist? Ach nö! Am besten, ich lasse alles beim Alten! Gewohnte Umgebung, vertraute Abläufe – hier kann ich mir's bequem einrichten und es kommen keine Überraschungen auf mich zu. Schön gemütlich, schön träge, schön langweilig...

Ein Leben ohne Überraschungen, welch schrecklich eintönige Aussichten! Nein! Also das wäre jetzt auch nicht gerade meine Wunschvorstellung. Soll ich doch ein wenig mutiger sein und mal was ausprobieren?
Kaum fasse ich aber diesen verrückten Gedanken, meldet sich schon mein innerer Schweinehund zu Wort: *„Halt, stopp! Bitte keine Experimente!"* Ja, mein ständiger Mitbewohner zeigt mir sogleich die Schwierigkeiten auf, die ich mit solch einem gewagten Schritt zu überwinden hätte. Unglaublich hohe Hürden, die ich sicherlich reißen und dabei böse fallen würde. Da ich zugegeben nicht sehr sportlich bin, greift dieses Argument bei mir sofort und ich lasse den Versuch lieber bleiben, nicht, dass ich mir gleich den Fuß verstauche oder

noch Schlimmeres passiert. Das muss ehrlich nicht sein, denn sicher ist sicher!
Und da ist sie ja schon, diese vertraute Hürde Nr.1:

„Das kann ich nicht!"
Das ist mir zu schwer, das ist mir zu schwierig, also versuche ich es gleich gar nicht. Ich weiß ja schon vorher, dass ich es nicht schaffen kann. Warum sollte ich dann überhaupt Zeit und Mühe investieren?
Hier folgt dann gleich Hürde Nr. 2:

„Das habe ich schon immer anders gemacht!"
Noch nie hab ich's mal auf andere Weise versucht. Wieso soll dann ausgerechnet heute das erste Mal sein? Ja sollen sich doch andere die Finger verbrennen! Ich halte mich schön zurück, dann werde ich auch nicht scheitern. Schuster bleib bei deinen Leisten!

So, und als letzte Abwehrmaßnahme gegen Veränderungen hilft dann ultimativ noch Hürde Nr. 3:

„Was sollen bloß die Leute dazu sagen?"
Wenn ich mir vorstelle, wie ich von allen beäugt werde, nicht auszuhalten! Ich probier was Neues aus und ringsherum zerreißt man sich das Mundwerk über mich. Da wird dann getuschelt und gelästert, ich werde belächelt und bemitleidet. *„Der*

schon wieder, war ja klar!" Natürlich alles hinter meinem Rücken, schön heimlich und unter vorgehaltener Hand. Nö, das will ich nicht! Da lass' ich doch lieber alles so, wie es ist und hab meine Ruhe! Sollen sich doch andere verändern und Neues wagen – ich muss nicht vorne mit dabei sein!

Also, wenn ich noch weiter nachdenke, dann fallen mir bestimmt noch mehr solcher Hürden ein. Im Umkehrschluss bedeutet dies aber, dass ich mir selbst ständig Stolpersteine in den Weg lege. Ich kann doch vorher noch gar nicht wissen, ob der neue Weg nicht sogar leichter wird wie der, auf dem ich mich gerade befinde. Haben diese Hürden jetzt tatsächlich meine Neugierde zum Erliegen gebracht?

Ob mein Leben schon vollkommen erfüllt ist, werde ich nie wissen. Nur, wenn ich schon aus Furcht vermeide, nach Erfüllung und Erneuerung zu suchen, dann bleibt es ganz sicher viel leerer als es sein müsste. Dabei sind diese Hürden im Kopf menschlich, ganz normal und immer Teil von uns. Sich diese Widerstände bewusst sichtbar zu machen, bedeutet aber bereits Schwung zu holen, um sie zu überwinden.
Sollte ich eine davon reißen, was soll's, dann nehme ich Anlauf für die nächste, immer wieder! Mein Gott lässt mich nicht fallen!

Abflug

Wie das wohl wäre, wenn meine Seele Flügel hätte? Wohin würde sie fliegen? Sicherlich an viele bekannte Orte, an denen sie sich schon einmal wohl gefühlt hat.
Bestimmt flöge sie aber auch in neues, unbekanntes Land – vielleicht nur ein wenig vorsichtiger und besonnener... wäre ja schließlich was Neues.

Würde sie aber auch bis ans äußerste Meer fliegen wollen, in eine unbekannte Ferne, von der sie bisher immer nur gehört hatte und nur wilde Vermutungen anstellen konnte? Sollte es dort wirklich so schön sein?

Vielleicht, wenn sie wüsste, dass sie sich ganz auf die kräftigen Flügel der Morgenröte verlassen dürfte und dass du immer deine schützende Hand bereithalten würdest, ja dann...

Wenn sie auf einmal alle Ängste abschütteln könnte und wie ein kleines Kind voller Vorfreude lachen würde, ja dann...

...dann flöge sie sicher heute noch los und ganz neue Abenteuer meines Lebens könnten beginnen. Die Überstandenen kennt meine Seele ja schon.

unheimlicher Drang

...wenn nach einem langen nasskalten Winter endlich die kräftige Frühlingssonne wieder spürbar über das Gesicht streicht, wenn es die kühlen Nebel wie von Geisterhand aus dem Wald vertreibt, wenn bald jeder neue Morgen nach immer neuen Blüten duftet und das klare Licht sich in Millionen Tautröpfchen spiegelt...

...wenn die ersten Eidechsen ganz vorsichtig aus den Mauerritzen schlüpfen und regungslos die wärmenden Strahlen genießen, wenn sich an den sonnigen Stellen, wo die ersten warmen Lüfte aufsteigen, tausende kleiner Mücken sammeln und wenn die Hasen voll Übermut wieder ihre Haken schlagen...

...wenn mit einem tiefen Brummen die dicken Hummeln lautstark nach Süßigkeiten suchen und die Luft ringsumher so frisch und klar ist, dass man sich wünscht, selbst Teil davon zu sein...

...wenn man diesen jungen hellen Frühlingsmorgen mit einem Atemzug am liebsten in sich einsaugen und mit der ganzen Welt eins werden möchte, weil einem vor lauter Eindrücken die Sinne und das Herz miteinander aufgehen wollen...

...wenn es so ist, dass man das große Glück und den reichen Segen, der in solch einem Morgen liegt, so wirklich und so umfassend mit Händen greifen kann, dann wird uns bewusst, wie großartig dieser winzige Teil der Schöpfung doch ist – und wir mittendrin...

∞

...allein schon vom würzigen Wiesenduft Gänsehaut bekommen...

...allein schon beim Anblick des Elternhauses in sich drin Wärmewogen spüren...

...allein schon das wunderbare Gefühl, sich vom vertrauten Klang der Kirchenglocken in den Arm genommen zu fühlen...

...das bedeutet heimkommen!

Frühling

...mich von einem Lichtblick
zärtlich in den Arm nehmen lassen
und Sonnenküsse
auf der Nasenspitze spüren...

...mich von Duftwogen
wie von Samthandschuhen streicheln
und von bunten Schmetterlingen
ganz behutsam
in den Himmel tragen lassen...

...mich von deiner warmen Hand ergreifen lassen
und mit blauen Bändern ahnungsvoll
in die Lüfte erheben...

...wie ein kleines Kind an all deine
wunderbaren Versprechungen glauben...

Frühling – heute bist du mir so nahe –
komm zu mir und bleibe!

Morgenglanz

Kennst du den kühlen vergänglichen Schmuck, wenn der ruhige feuchte Morgen das Handwerkszeug des Juweliers führt? Wie feine Perlenketten hängen Spinnweben schwer in den dünnen Zweigen. Wie von Silber überzogen beugt sich jeder Halm. In den Trichtern der Blätter sammeln sich tausende klarer Diamanten, funkelnd und kalt.

Das erste Sonnenlicht bricht sich glitzernd in Millionen Kristalltröpfchen – ein fast unheimliches Schimmern. Lichtlinien gleich fließt die Sonne an den Blatträndern entlang, blinkend und schillernd. Jede auch noch so feine Struktur wird jetzt sichtbar hervorgehoben. Eng gesetzte Edelsteine bringen wie von Zauberhand die Welt ringsum zum Leuchten.

Der wahre Wert dieses Schmucks liegt jedoch in seiner Vergänglichkeit. Er lässt sich nicht festhalten, nicht aufhalten. Diese Kostbarkeit lässt sich nur durch unser stilles Betrachten in unser Inneres einsaugen. Wollten wir die Juwelen mit Händen greifen, wir würden sie augenblicklich zerstören und fühlten nur die Kühle des vergangenen Kunstwerks.

Tau – kunstvoller Perlenatem des Schöpfers...

Weitsicht

Auch wenn draußen im Garten alles still und ruhig zu sein scheint – ein Lebewesen ist immer fleißig. Ganz im Verborgenen wühlt es sich unermüdlich durch die kühle Erde. Als sichtbares Zeichen dieses unterirdischen Fleißes schieben sich frische Erdhügel wie kleine dunkle Vulkane aus dem Boden, oft aufgereiht wie an einer Perlenkette. Sogar, wenn der Boden leicht gefroren ist, erkennt man sein unermüdliches Wirken sehr schnell an den dunklen Punkten auf schneebedeckter Wiese.

Der im Geheimen arbeitende Maulwurf lässt sich so gut wie nie an der Oberfläche blicken, sondern fühlt sich nur im Erdreich wohl. Er meidet das Sonnenlicht und betrachtet sich die Welt lieber von unten. Zwar so gut wie blind, hat er doch ein feines Gespür für die wesentlichen Dinge. Er weiß mit Hilfe seines Geruchs- und Tastsinns, was gut für ihn ist. Er braucht keine Augen, um zu wissen, welcher Wurm wohlschmeckend ist oder welches Insekt ihm mundet. Er lässt sich nicht wie wir Menschen vom bloßen Schein in unserer immer künstlicher werdenden Welt täuschen. Nicht alles, was wir sehen und für gut befinden, weil es glänzend, frisch und knackig aussieht, muss auch gut schmecken und gesund sein. Nicht alles, was hübsch und bunt verpackt ist, muss uns deshalb gleich zuträglich sein.

Der Maulwurf reicht mit seiner Geisteskraft sicherlich nicht an die Intelligenz des Menschen heran, aber er erkennt ganz automatisch die Unterschiede, allein durch seine angeborenen Sinne und seinen sicheren Instinkt. In dieser Hinsicht ist uns so ein kleiner Maulwurf doch ziemlich überlegen. Obwohl von Natur aus relativ blind, sieht er genau, was für ihn wertvoll ist und was nicht. Oft lässt er die schönsten Dinge links liegen, weil er es eben besser weiß.

Sollten wir uns selbst nicht ab und zu die Sichtweise dieses kleinen Kerlchens aneignen und mit verbundenen Augen auswählen? Wie erstaunt wären wir oft über unsere Wahl. Nun haben wir aber die herrliche Gabe, mit offenen Augen durch die Welt zu gehen, um alles genau zu betrachten, zu beäugen, zu vergleichen und sind trotzdem so oft erschreckend blind – ja noch blinder wie ein Maulwurf.

Die Sichtweise zu ändern, die Dinge aus anderen Blickwinkeln zu betrachten ist eine Kunst. Den Kopf in den Sand zu stecken wäre zwar auch eine Möglichkeit, doch leider führt diese simple Me-

thode bei uns Menschen oft zu falschen und fatalen Ergebnissen.
Okay, niemand behauptet, dass ein Maulwurf ein leichtes Leben hätte und besonders in unseren gepflegten Gärten machen wir ihm sein Dasein ab und zu schon schwer. Aber immerhin hat diese Tierart seit Millionen von Jahren erfolgreich überlebt.

So falsch kann seine Strategie also nicht sein...

∞

...viele Dinge um uns herum
sind winzig und klein,
unscheinbar und oft so alltäglich.

Über solche Dinge zerbrechen
wir uns nicht den Kopf,
wir übersehen sie einfach,
manchmal ganz bewusst
und treten ohne Rücksicht darauf.

Doch mag etwas auch noch so klein,
winzig und unscheinbar sein –
alle sind sie Gottes Geschöpfe
und niemals gering...

Hochseilgarten

Sich selbst bezwingen,
alles überwinden,
sich zum Herren aufschwingen,
aufspielen
und über anderen stehen.

Abgehoben sein und allem entschweben –
Erfolgserlebnis pur,
so hoch über dem Boden.

Führungsposition am Karabiner,
mit Sicherheitsgurten und Netzen
gegen alle Gefahren vorgesorgt.

Nie hätte ich gedacht,
dass ich so hoch hinaus kann,
in schwindelnde Höhen.
Nie hätte ich gedacht,
zu was ich doch fähig bin!

Wo ich hier unten
nur so ein kleines Licht bin…

Ernst beiseite!

Ein Polizist hält einen Radfahrer an, der auf einer engen, belebten Straße freihändig unterwegs ist. *„So, da Sie sich und andere gefährden, kostet Sie ihre Fahrweise ein Verwarnungsgeld von 20,00 Euro!" „Aber nein",* argumentiert der so ertappte Radler, *„das sehen Sie völlig falsch! Gott fährt mit mir und lenkt!" „Aha?",* entgegnet der Polizist, *„zu zweit auf einem Rad! Das macht dann 50,00 Euro!"*

Vielleicht können sie einmal am Ostersonntag in ihrer Kirche diesen oder auch andere Witze hören. Das wäre dann zwar unerwartet, aber nicht ungewohnt. Schon in der Kirche des Mittelalters war es durchaus üblich, im Gottesdienst die Besucher durch teils kräftige und derbe Witze zum Lachen zu bringen. Das „Osterlachen" war lange Zeit Tradition und wird auch heute noch in der orthodoxen Kirche praktiziert. Ostern ist der fröhlichste Tag der Christen, denn Jesus ist auferstanden! Das ist wirklich Grund zu ausgelassener echter Freude! Und das befreiende „Osterlachen" soll uns dies auf einfache, aber doch sehr wirksame Weise verdeutlichen. Ja, ganz bestimmt geht es im Himmel froh und heiter zu. Weshalb sollten wir dann auf Erden solche Miesepeter sein? Wie schrieb doch Paulus in einem seiner Briefe: *„Seid allezeit fröhlich...!"*

Genauso dürfen wir in Psalm 118 lesen: *„Dies ist der Tag, den der Herr macht, lasst uns freuen und fröhlich an ihm sein!"*

Martin Luther war allerdings kein Freund des „Osterlachens". Manche Kirchenlehrer haben dieses Brauchtum übel beschimpft und über 1000 Jahre hat sogar ein „Lachverbot" bestanden. Dabei ist doch ein losgelöstes befreiendes Lachen die Vorwegnahme der Erlösung, also ein Signal der Transzendenz und somit ein Hinweis auf das göttliche Wunder der Auferstehung. Im Lachen überschreiten wir die Grenze des vernünftig Erfahrbaren, weil gerade die Unvernunft oder Unlogik die Pointen setzt. Der Witz entsteht ja eigentlich erst dadurch, dass wir uns selbst durch Querdenken die widersprüchlichen Zusammenhänge erschließen müssen, bis wir den Sinn verstehen und der Groschen fällt. Vielleicht heißt es dann auch in Ihrer Kirche einmal: „Kennen Sie den?"

∞

„Die Torheit des Narren ist minder scharf geprägt,
als Narrheit, die im weisen Mann sich regt.
Denn alle Kraft des Witzes muss ihm nützen,
auf Scharfsinn seine Albernheit zu stützen!"

(William Shakespeare, engl. Dichter und Theaterleiter)

Anschnallen!

Also, Gott muss schon ganz schön schnell mit uns unterwegs sein!
Die Erde dreht sich am Äquator mit etwa 1650 Kilometern pro Stunde um die eigene Achse, auf unserem Breitengrad sind es immerhin noch etwa 1100. Rasend schnell, doch wir bemerken davon nichts und Gott hält Schritt.

Nun dreht sich die Erde ja auch um die Sonne und dabei kommt sie auf unfassbare 107000 Kilometer pro Stunde. Trotzdem bleiben wir am Boden, können sogar aufrecht stehen und werden nicht ins All geschleudert. Gott ist mit uns und hält uns fest.
Doch jetzt wird's galaktisch: Die Erde ist nur ein winziger Teil unseres Sonnensystems und dieses wiederum unserer Galaxis. Und da drehen wir uns alle zusammen mit einem Affenzahn von über einer Million Kilometern pro Stunde lustig mit. Unvorstellbar, in welcher fortwährenden Geschwindigkeit wir uns bewegen.

Den einen entscheidenden Unterschied bemerken wir aber zumeist nicht: Wir können hier beruhigt auf unserem Heimatplaneten leben, uns mit einer Wahnsinnsgeschwindigkeit durchs Weltall bewegen und müssen nichts dafür tun. Die Freifahrkarte hat jeder von uns einfach so geschenkt bekommen. Wir dürfen in wolkenlosen Nächten in den klaren Sternenhimmel schauen und dieses Wunder staunend betrachten. In so einem Moment erkennen wir vielleicht unsere eigene Winzigkeit – vor allem aber können wir die Größe Gottes erahnen, der uns an diesem Schauspiel teilhaben und mitwirken lässt.

Ob er nun über uns, mit uns oder in uns ist – er hält Schritt, auch dann, wenn wir trotz der Geschwindigkeit, in der wir uns ja schon befinden, noch zusätzlich durchs Leben rasen. Im Grunde könnten wir es eigentlich etwas ruhiger angehen lassen und mehr Pausen zum Innehalten einlegen. Denn auch dann, wenn wir durch unsere eigene Unvernunft oder durch die Einwirkung anderer aus der Bahn fliegen, hält er seine Sicherheitsgurte immer bereit – nur anschnallen müssen wir uns selbst...

∞

„Noch bevor Gott das Weltall erschuf,
hatte er den Menschen im Blick, da er wusste,
dass sein Wort Mensch werden sollte."

(Hildegard von Bingen, Benediktinerin, Universalgelehrte)

unsichtbar

Ob er links oder rechts geht,
ob er über dir schwebt oder sich versteckt,
du siehst ihn nicht, aber er ist da!
Er hält deine Hand.

Er ist da, auch dann,
wenn du es kaum glauben willst.

Er ist da, wenn du stürzt und dich verletzt,
er ist da, wenn du einen Autounfall verschuldest.
Er ist auch da,
wenn du Streit mit deinem Partner hast.
Er hält dich an der Hand.

Er ist um dich
und bewahrt dich vor noch größerem Schaden.

Ja, er ist auch bei dir und geht mit dir,
wenn du auf deinen letzten Weg gehen musst.

Gib ihm auch dann deine Hand,
denn ihr zwei seid ein Leben lang
ein tolles Team gewesen.

Dein Schutzengel und du.

26 unendliche Möglichkeiten

Ob es sich lohnt, heute in mich hineinzuhören, meine freie Zeit, meinen Verstand und meine Finger zu bemühen? Gelingt es mir, aus losen Gedankensplittern und ungeordneten Bruchstücken einen Faden zu spinnen? Mit schwungvoller Feder geschrieben und doch mit fesselnder Spannung, fließend aber auch ergreifend und ausdrucksstark, bedeutend und voll Leichtigkeit zugleich? Ich will es versuchen und nichts soll mich jetzt daran hindern, meine Absicht in die Tat umzusetzen und das, was mich im Innersten bewegt, zu Papier zu bringen.

Noch ohne jeglichen Plan, ohne Gerüst oder erkennbares Ziel fahre ich meinen elektronischen Helfer hoch. Sehr schnell muss ich allerdings erkennen, dass mir schon die ersten Worte nicht von alleine zufallen wollen und ich keinen sinnvollen Einstieg finden kann. Das Einzigste, das vor mir liegt, ist ein großes Knäuel aus verschlungenen Gedankengängen und ein leerer Bildschirm. Von einem „roten Faden" entdecke ich weit und breit noch keine Spur.
Eine Weile halte ich durch, versuche sämtliche Windungen meines Gehirns zu ergründen und den rettenden Einfall zu erspüren. Mein Ehrgeiz

befindet sich in Erkenntnis des eigenen Unvermögens bald schon gänzlich in Auflösung.

Doch plötzlich ist sie da, diese zündende, befreiende Eingebung, welche mir das Blut in den Adern heißer strömen lässt und aus heilloser Buchstabenverwirrung einen sinnhaften, geordneten Zusammenhang fügen will. Auf einmal wandeln sich leere Worthülsen zu stimmigen Bildern, entwickeln sich hohle Phrasen zu tiefgründigen Überlegungen. Eine starke, geheimnisvolle Macht übernimmt mein Handeln, lässt mich Seite um Seite schreiben und versetzt mich über das, was da vor meinen Augen entsteht, in helles Entzücken. Wo war all dieses verborgen, das hier so unglaublich aus mir sprudelt?
Was da vor mir entsteht, lässt mich gar ein wenig über mich selbst erstaunen und demütig, ja wirklich dankbar werden. Glücklich darüber, nicht gleich beim ersten Zweifel aufgegeben zu haben, lasse ich mich in dieser lebhaften Strömung treiben und hoffe, dass sie mich ein gutes Stück weit tragen mag.

Jeden Tag nehme ich mir nun kostbare Zeit, um immer wieder an den Texten fortzuschreiben. Ich feile und schleife an meinen Werkstücken, versuche zu verbessern, zu ergänzen und abzurunden. Manches wird gleich wieder verworfen, anderes

schon am nächsten Tag ausgetauscht, da sich im Fluss des Schreibens beständig neue Einfälle ergeben, welche in die Arbeit einfließen wollen.
Sollte nur der erste Fadenschlag eines durchscheinenden Gespinstes oder bald ein fester greifbarer Stoff entstehen? Würde das bisher Geschaffene einen tieferen Sinn ergeben, mich zur Ausdauer anhalten, mich am Ende in meiner Arbeit aufgehen lassen? Zugegeben, in der ersten Woge der Überschwänglichkeit hebt man leicht ein wenig ab, möchte schon in höheren Gefilden schweben. Doch, wie das manchmal so ist mit geistigen Höhenflügen – oft kann nur der Wunschtraum selbst darin seine Begabung erkennen. Aber vielleicht gelingt es mir, mit meinen Gedanken und Ausführungen die Mitmenschen zu erreichen. Habe ich genau heute das Unerwartete geschrieben, auf das alle gewartet haben? Fragen über Fragen drehen sich in meinem Kopf und versetzen mich in angenehme Unruhe.

Ach, es bleibt spannend! Niemand weiß vor Beginn seines Schaffens, wohin die Reise geht, wie weit die Gedanken tragen. Aus 26 Buchstaben und einigen Sonderzeichen kann Unglaubliches entstehen und alles liegt doch längst darin verborgen! Der Wagemut als solcher, eine bisher vielleicht noch schlummernde Gabe zu wecken und schwarz auf weiß sichtbar zu machen, wird auf jeden Fall immer sinnvoller und befreiender sein, als es niemals erprobt zu haben.

Kein Mensch kann wissen, ob er nicht gerade an diesem Tag die richtige Auswahl findet. Kein Mensch kann es wissen, ob es nicht gerade heute gelingt, Buchstaben und Worte in erstaunliche Reihenfolge zu bringen, dabei den Puls der Zeit zu treffen und das Lebensgefühl der Menschen zu berühren. Ja, und genau weil dies niemand wissen kann und sich nichts vorherbestimmen lässt, setze ich mich heute wieder mit beinahe kindlicher Freude vor die Tastatur und lasse meiner Arbeit in Gedanken und Fingern freien Lauf.

Alles ist möglich!

Ach ja – noch ganz nebenbei: In jedem von uns schlummern Fähigkeiten, von denen wir selbst noch gar nichts wissen. Wer sich nicht auf Entdeckungsreise begibt, der wird sich auch nie über sich selbst wundern können.
Wenn es Gott gelang, aus Nichts die Welt zu erschaffen und er uns nach seinem Bilde schuf – warum sollte es mir oder auch Ihnen dann nicht möglich sein, ein leeres Stück Papier zu füllen? Oder eine Leinwand, ein Notenheft, ein Fotoalbum, einen Garten oder ein...? Ach, da wird uns schon etwas einfallen!

Die Frage nach dem Nutzen

Auf feine poetische Weise betrachtete Hermann Hesse die Frage nach dem Nutzen der kleinen Dinge. In seinem Gedicht über den Pfirsichbaum stellte er sich die Frage nach dem eigentlichen Wert der unscheinbaren und in der Fülle doch so beeindruckenden Blüten. Gerne möchten wir den Gedanken hier aufgreifen.

Trägt so ein ganz gewöhnlicher Baum hunderte oder gar tausende Blüten und werden nur wenige davon zur Frucht, ist dann dieser ungeheure Aufwand nicht einfach sinnlose Verschwendung? Wer die Dinge immer nur dem Ertrag nach bewertet, für den muss sich alles auch zwangsläufig auf den kleinstmöglichen Nenner reduzieren. Liegt der eigentliche Reichtum nicht gerade im ungeheuren Überfluss der Schöpfung? In der unglaublichen Verschwendung, die wir als rational denkende Menschen in keiner Weise nachvollziehen können? Warum müssen es zehntausend Blüten sein, wenn doch hundert ausreichen würden? Warum überhaupt millionenfache Wunder, wenn wir keines davon erkennen?

„Herr, wie sind deine Werke so groß und viel! Du hast sie weise geordnet und die Erde ist voll von deinen Gütern!" (aus Psalm 104). Diese Wunder-

werke sind also geordnet – und weise noch dazu? Wo ist dann nur unser blinder Fleck, unser toter Winkel, dass wir nicht richtig sehen können? Fehlen uns die klaren Gedankengänge und der rechte Verstand, hinter das Sichtbare zu blicken? Wer sollte uns die Augen öffnen?

Bis hierher also nur offene Fragen – und das ist gut so! Wäre schon alles geklärt und alle Fragen beantwortet, wie langweilig und stumpf wäre doch unser Leben. Nicht alles zu wissen macht neugierig und wach! Erst durch unsere Neugierde gehen wir auch neue Schritte, trauen uns, verschlossene Türen zu öffnen und dringen in unerforschte Welten vor.

Die unglaubliche Verschwendung der Schöpfung lässt uns dabei nie zur Ruhe kommen, weil wir längst wissen, dass wir nichts wissen. So bleibt unser Wissensdurst unstillbar, da sich hinter jeder geöffneten Tür tausend neue finden lassen. Und hinter jeder neuen geöffneten Tür wartest Du schon auf uns...

...wie in jeder einzelnen dieser vergänglichen Blüten eines Pfirsichbaumes, in denen doch so viele süße Versprechnungen liegen!

In welche Richtung?

Wo finde ich die Antwort,
wenn ich nicht weiter weiß?
Wo finde ich Frieden,
wenn ich aufgewühlt bin?
Wo schöpfe ich Hoffnung,
wenn alles dunkel wird?
Wo spüre ich Liebe,
wenn Hass alles zudecken will?

Die Irrwege zu finden, das fällt mir nicht schwer,
richtig entscheiden, das wünsch ich mir sehr.
Auswege entdecken, ach, wie soll das geh'n?
Ist „neu" zu denken nicht oft unbequem?

Ich öffne die Augen auf der Suche nach mir,
ich suche Befreiung und Ruhe in mir,
ich spüre die Nähe, die Kraft, die du gibst –
ich suche den Weg...

Antworten finden, wo es Antworten gibt,
Frieden schließen,
weil Versöhnung ein Geschenk ist,
Hoffnung erhalten, weil alles möglich ist,
Liebe erfahren, weil sie so viel stärker ist –

ich bin auf dem Weg...

Was in uns steckt

Ab und zu kommen wir schon noch ins Staunen. Da vollbringt jemand sportliche Höchstleistungen, von dem man es nie erwartet hätte. Die ganze Zeit lag er immer auf den letzten Plätzen und jetzt steht er doch tatsächlich auf dem Treppchen. Also, ob das ohne Doping wirklich möglich gewesen wäre? Oder jemand, der in der Schule immer nur ein kleines Licht war, erhält in späteren Jahren den Nobelpreis für seine bahnbrechenden Forschungen. Okay, da würde jetzt der Verdacht des Dopings wegfallen – oder hat so einer dann womöglich geistiges Eigentum gestohlen? „Copy and paste", wie es neudeutsch so schön heißt.

Ach ja, ein Stück gesundes Misstrauen steckt in jedem von uns. Nur, und diese Fragen sollten schon einmal gestellt werden: Ist dieses Misstrauen denn wirklich gesund und worin liegt eigentlich so ein ständig latentes Misstrauen begründet?
Kann es sein, dass sich in uns sofort verborgener Neid meldet, wenn einem anderen etwas gelingt, zu dem wir selbst nicht fähig wären. Fühlen wir uns herabgesetzt, wenn ein anderer die Spitze erklimmt? Ist es denkbar, dass wir uns sogar davor fürchten, zu versagen, etwas nicht zu können und auf der Verliererstraße zu sein?

Aber jetzt mal Hand aufs Herz. Wem von uns kommen solche Gedanken nicht schon mal in den Sinn? Wer kann schon freudig winken, wenn er links und rechts überholt wird. Dabei hat uns Gott doch nicht den Geist der Furcht und Verzagtheit gegeben, sondern den der Kraft, der Liebe und der Besonnenheit.

Dem Kollegen das größere Auto gönnen, sich freuen, wenn die Kinder des Freundes einen tollen Schulabschluss erreichen – und sie nicht unbedingt gleich mit den Schulnoten der eigenen Kinder vergleichen. Voll Begeisterung den Neubau des Nachbarn betreten und nicht gleich aufrechnen, was dieser sich alles leisten kann.

Am Glück anderer teilnehmen und es nicht missgönnen, ja, das sind große Schritte, die man für sich selbst im Inneren geht. Wenn einen diese Schritte ein wenig vom eigenen Mittelpunkt, um den sich sonst alles dreht, entfernen – man also einen anderen Standpunkt einnimmt, dann erhält man gleichzeitig eine ganz neue Sicht. Vielleicht entdeckt man jetzt auch die Möglichkeiten, die tief verborgen schon immer in uns gesteckt haben. Eine Veränderung unserer Perspektive kann bisher Unterbelichtetes in vollkommen neues Licht rücken und uns neue Blicke freigeben.

Jedem Menschen gab Gott die verschiedensten Gaben mit auf den Weg – doch nur allzu oft bleiben diese ungenützt, weil wir sie im Alltag nicht entfalten können. Erst, wenn wir „verrückt" werden, also unseren festen Standpunkt einmal verändern, wird ein neuer Weg sichtbar.

Jetzt können wir mit Liebe und Freude unserem Kollegen, Freund oder Nachbarn sein Glück gönnen und erleben gleichzeitig, dass diese Freude auch in uns wirkt. Nicht umsonst heißt es im Sprichwort *„geteilte Freude ist doppelte Freude"*. Wir können die Kraft spüren, die doch so mächtig in uns steckt und es wenigstens versuchen, unsere Gaben zu erforschen.

Gehen wir doch das Wagnis ein, uns diese Kraft jeden Tag aufs Neue bewusst zu machen. Ich glaube mit Gottes Hilfe können wir alles bestehen.

∞

„Das Gute – dieser Satz steht fest –
ist stets das Böse, was man lässt!"

(Wilhelm Busch, dt. Maler und Schriftsteller)

angemessen

Ein verlumpter Landstreicher kam eines sonntagmorgens in eine Kirche, in der gerade der Gottesdienst stattfand. Er schlurfte die Bankreihen entlang und setzte sich in die erste Reihe. Dabei wurde er von allen Kirchgängern beäugt und vereinzelt tuschelte man sogar über ihn so laut, dass der Pfarrer die Gemeinde zur Ruhe ermahnen musste.
Nach dem Gottesdienst ging der Geistliche auf den Mann zu und wies ihn deutlich zurecht, er solle doch gefälligst rechtzeitig erscheinen, sich das nächste Mal saubere Kleider anziehen und sich vor allem auch anständig waschen. So vor Gott zu erscheinen, wäre unmöglich und eine Zumutung für die ganze Gemeinde! Er forderte ihn auf, am besten Gott selbst um Rat zu bitten, wie man hier in dieser Kirche zu erscheinen hätte!
Doch schon am nächsten Sonntag wiederholte sich die Situation. Der Landstreicher kam zu spät, war ungewaschen und noch genauso verlumpt wie zuvor. Da pflaumte der Pfarrer ihn an: „Hast du nicht Gott um Rat gefragt, wie man sich hier benehmen soll?" *„Doch, das habe ich"*, antwortete der Mann *„ich habe ihn gefragt, aber er hat mir geantwortet, er wüsste es nicht – in dieser Kirche sei er noch nie gewesen!"*

aus dem Lot

Für alles offen und doch so beschränkt,
für alles die Antwort, doch Wahrheit verschenkt.
Keine Ruhe, kein Frieden, was treibt mich nur um?
Kein Licht, keine Hoffnung,
ach, was gäbe ich drum.

Alles im Lot – so wäre mir's recht,
alles im Reinen – und gern selbstgerecht,
alles wie's sein soll – und ich mittendrin,
alles perfekt – so steht mir der Sinn.

Ich bin auf der Suche, weiß nicht mehr nach was,
schreie und kämpfe ohne Halt, ohne Maß.
Will aufsteh'n – und falle und nirgends ein Halt,
hab mich ganz verloren und die Fäuste geballt.

Nichts ist im Lot, wenn die Mitte mir fehlt,
nichts ist im Lot, wenn der Zweifel mich quält,
nichts ist im Lot, wenn das Senkblei verlegt,
alles vergeblich, wenn die Achse verdreht.

Wo ist die Richtschnur, die mir zeigt, wo ich bin?
Wo ist der Maßstab, der mir fehlt innendrin?
Wo ist die Ordnung, die ich brauche zum Glück?
Wo ist das Lot und wer bringt es zurück?

Wo liegt es verborgen,
wo kann ich es seh'n?
Hat jemand die Antwort,
so lass mich versteh'n.
Wer gibt mir das Zeichen,
nimmt mich an die Hand?
Wer führt mich zurück ins verlorene Land?

Herr, bleibe bei mir, wo immer ich bin.
Herr, sei mir Zuflucht und sei mir Gewinn,
zeig' mir die Wege und leite den Schritt,
schick' mich auf die Reise und gehe du mit!

∞

nicht verschlossen

Geht auch die Hoffnung fort,
hör' ich nicht auf zu hoffen.
Sind auch zehn Türen zu,
wohl tausend sind noch offen.

Der Schlüssel liegt versteckt in mir,
vielleicht noch tief verborgen.
Doch, wenn ich suche, hilfst du mir
und bald gemeinsam finden wir
den Schlüssel – jeden Morgen!

vergeben

Nein, bestimmt kein einfaches Thema! Daher möchte ich gleich die Worte Mahatma Gandhis voranstellen:

„Vergeben ist die Tugend der Mutigen.
Nur wer vergibt kann lieben!"

Ich muss also mutig sein, um vergeben zu können! Leider viel leichter gesagt als getan, wenn inneres Leiden, Grübeln, Feindseligkeit, Wut, Trauer oder Rachegefühle mein Leben bestimmen. Wie soll das gehen, wenn ich gemobbt werde, ich spüre, wie man mich unfair behandelt, mich betrügt? Wenn ich gekränkt oder verletzt werde, hintergangen oder verlassen werde? Habe ich hier schon alles aufgezählt, was uns täglich beschwert? Da wüssten wir sicher noch einiges mehr zu berichten und zu beklagen! Vielleicht stellen wir aber auf der Suche nach diesen Belastungen auch fest, wie sich dabei gleichzeitig dunkle Gefühle in unser Innerstes einschleichen und uns jeglichen Mut nehmen wollen. So wird unbemerkt und ungewollt unser Leben mehr und mehr fremdbestimmt und finstere Gedanken gewinnen immer deutlicher an Macht. Irgendwann dringt kein Licht mehr in uns, weil wir nur noch schwarzsehen. Wie sehr würden wir uns jetzt Veränderung wünschen. Wie groß wäre unsere Freude, wenn wir plötzlich neue Hoffnungszeichen erkennen würden.

„Vergeben ist die Tugend der Mutigen!" Wenn ich mir diese Aussage zu Herzen nehme, dann wage ich doch den ersten Schritt, bin mutig und beginne zu vergeben. Ich muss nicht mehr warten, bis der andere auf mich zukommt, sondern kann selbst handeln. Das Geschehene wird durch mein Vergeben zwar nicht vergessen, aber in der Bedeutung so weit nach hinten gestellt, dass ich dadurch stärker werde und nicht schwach bleibe. Wenn ich verzeihe, öffne ich mir selbst die zugesperrten Türen und werde wieder frei. Durch meinen Mut, Schuld zu vergeben, können Beziehungen neu beginnen. Ich finde wieder zu meinem inneren Frieden und die Dunkelheit hat ihre Macht verloren. Eigentlich sollten wir alle viel mutiger sein, denn wie oft bitten wir doch unbewusst im *„Vaterunser"* genau um diese befreiende Vergebung: *„...und vergib uns unsere Schuld, wie auch wir vergeben unsern Schuldigern..."*

Den Mut dazu hat er uns längst gegeben – und wer noch Zweifel hat, sollte es vielleicht einfach mal versuchen und gespannt schauen, was passiert...

blinder Fleck

Ach du Schreck, heute Morgen ist mir was Blödes passiert. Ich hatte meine Kaffeemaschine schon eingeschaltet, bin nur kurz an den Briefkasten, um die Zeitung zu holen – und dann diese Sauerei! Die Filtertüte hatte sich wohl zusammengeklappt und die braune Brühe war über die halbe Arbeitsfläche in meiner Küche gelaufen. Die Zeit war eh schon knapp, ich wollte nur noch schnell die Pflanzkübel auf der Terrasse gießen und jetzt das! Ganz bestimmt komme ich jetzt zu spät!

Echt ärgerlich, so etwas!

Ja, man könnte sich schon über so eine Lappalie aufregen! Doch, wenn ich es mir genau überlege, dann hat so eine Pfütze auch ihre guten Seiten, denn sie kann mir manches bewusster machen. Ziehe ich die richtigen Schlussfolgerungen daraus, dann würde dies bedeuten, dass...

...ich eine Kaffeemaschine besitze, eine Einbauküche und somit ein Zuhause habe. Mein Strom ist nicht abgestellt und am Morgen steckt mir jemand die abonnierte Zeitung in meinen Briefkasten. Da ich eine Wohnung habe, befindet sich auch nicht nur eine Küche darin, sondern noch andere Räume. Ich kann also Gäste zu mir einladen, da ich ja Platz habe. So muss ich nicht alleine sein, wenn ich das nicht will. Sicher kann ich meine Gäste auch gut bewirten, weil ich mir die anderen Dinge ja auch leisten kann. Ich bin morgens in Eile, habe gerade noch Zeit, um die Pflanzen auf meiner Terrasse zu versorgen – und der Grund für diese Eile ist mein Arbeitsplatz, an dem ich rechtzeitig erscheinen möchte.

Ich könnte jetzt lange so fortfahren und aus dieser banalen braunen Kaffeepfütze noch weit mehr herauslesen. Aber mittlerweile ist mir schon längst ein Licht aufgegangen: Ich besitze ja so viel, habe so viel mehr Wohlstand als Abermillionen von Menschen auf dieser Welt – weit mehr, als ich zum Leben brauche. Wieso rege ich mich dann über ein kleines Malheur überhaupt so auf?

Kurz überlege ich, ob ich vielleicht diese Kaffeepfütze nicht komplett aufwischen, sondern einen kleinen braunen Fleck belassen sollte, der mir jeden neuen Tag meine Blindheit bewusst machen kann...

genug

Genug – die Welt ist voll von Dingen,
von guten und von bösen.
Genug, der Geist muss ständig ringen
und kann nicht friedlich dösen.

Genug – mit klarem Kopf
sieht man, wie gut wir leben.
Genug, der Mensch bleibt stets ein Tor
und will nach Bess're m streben.

Genug – die Fülle reicht nicht mehr,
Zufriedenheit ist bieder.
Genug, die große Welt bleibt leer,
man lässt sich nirgends nieder.

Genug – ist man auch noch so klein,
man lebt sich selbst betrügend.
Wir wollen nie bescheiden sein.

Genug – ist nie genügend!

∞

...mancher besitzt ein Glück, von dem er keine Ahnung hat. Doch reift die Erkenntnis, so öffnet sich die wahre Fülle...

geheime Energie

Endlich bin ich zu Hause angekommen und der lange Arbeitstag ist zu Ende. Jetzt noch den Autoschlüssel an den angestammten Platz legen, Jacke und Schuhe ausziehen, so – der Stress und die Anspannung des Tages liegen nun hinter mir und alles kann seinen gewohnten ruhigen Gang gehen. Ein Fläschchen Bier und die Gemütlichkeit des verdienten Feierabends darf kommen. Draußen ist es schon dunkel, so spät ist es wieder mal geworden.

Doch plötzlich, auf einen Schlag ist alles verändert! Kein Licht mehr im Raum, kein Bild und Ton mehr aus dem Fernsehgerät, selbst die Spülmaschine, die eben noch arbeitete, gibt kein Geräusch von sich. Beim Blick aus dem Fenster ist keine leuchtende Straßenlaterne mehr zu sehen, nirgends auch nur der kleinste Schein.
Überall nur noch Dunkelheit und Stille. Unglaublich fremde Lautlosigkeit, unerwartet, ja fast beängstigend. Kurz muss ich mich orientieren und krame dann im Dunkeln vorsichtig nach einer Kerze. Irgendwo hat man für solche Fälle doch sicherlich eine zur Hand? Aber heute will sie sich nicht finden lassen. Ich schaue prüfend aus dem Fenster in die tiefschwarze Nacht. Tatsächlich,

auch in den Nachbarhäusern, ja in der gesamten Stadt ist jedes Licht erloschen. Totaler Stromausfall!

Schleierhaft und dünn sendet der Mond sein fahles, fast geisterhaftes Licht. Ganz langsam gewöhnen sich meine Augen an diese neue Situation und nur verschwommen, beinahe schemenhaft lassen sich die Gegenstände in meiner Wohnung erkennen. Umso mehr suche ich im Dunkeln nach den Details. Die Deckenleuchte sieht vollkommen ungewohnt aus, das Bild an der Wand erscheint gänzlich unbekannt.

Alles ist gleich geblieben, doch von einem Augenblick auf den anderen ist alles verändert und irgendwie neu. Ja, ich kann mich einer gewissen Begeisterung für diesen ungewohnten Zustand nicht verschließen. Auf der Couch liegend fange ich mit meinem Blick das weiche zerfließende Mondlicht ein. Meine Gedanken gehen ganz plötzlich andere, ungewohnte Wege. Alles, was den Geist sonst bewegt und mich nicht zur Ruhe kommen lässt, ist durch diese Veränderung wie abgeschaltet, ausgeknipst. Doch hinter dieser vordergründigen Leere liegt eine neue Dimension. Ungestört und nicht abgelenkt vom Normalen dringt der Gedanke umso weiter, höher, tiefer.

Nach einer guten Stunde geht der Strom wieder an und das freie Schwingen meines Gedankenpendels wird jäh unterbrochen. Alle Lichter blenden auf, der Fernsehapparat dringt unglaublich laut an mein Ohr und aus der Küche meldet sich gluckernd meine Spülmaschine zurück. Der Alltag erfüllt wieder den ganzen Raum und die, trotz aller künstlicher Reize so überraschungslose Normalität kehrt zurück. Kurz überlege ich, aber dann stehe ich auf, schalte ganz bewusst alle Leuchten und Geräte ab und lege mich wieder zurück auf meine Couch.

Stromausfall setzt so viel Energie frei...

∞

...etwas Schöneres mit Geld zu kaufen
wäre nicht möglich
und nichts Kostbareres wäre
von Menschenhand gemacht.
Öffne ich aber die Augen, liegen sie vor mir,
selbst im Dunkeln,
ungezählt, unbeschreiblich, umsonst...

Herr, wie herrlich und groß sind deine Werke!

frühe Hilfe

Lieber Gott,

bis jetzt ist ja noch alles okay!

Ich hab' noch mit niemandem Streit angefangen, hab' noch nicht die Beherrschung verloren.

Ich war noch nicht gehässig, nicht egoistisch, hab' noch nicht gejammert, geklagt oder geflucht.

Ich hab' heute noch nichts Böses getan, wirklich nicht!

Ich hab' auch mein Geld noch nicht sinnlos ausgegeben, hab' noch nicht geraucht oder Alkohol getrunken.

Selbst Schokolade hab' ich noch keine gegessen!

Aber, lieber Gott – jetzt brauche ich deine Hilfe, denn ich bin mir sicher, dass es ohne dich nichts wird!

Lieber Gott, in einer Minute will ich aufstehen...

Ein Platz an der Sonne

Zwei Patienten lagen zusammen im Krankenhaus in einem Doppelzimmer. Der eine, der am Fensterplatz lag, war schwerkrank, konnte sich aber noch bewegen. Der andere hatte sich einen Wirbel gebrochen, lag steif wie ein Brett in seinem Bett und konnte nur zur Decke schauen. Jeden Tag forderte er seinen am Fenster liegenden Zimmergenossen auf, ihm doch von draußen zu erzählen. Von den Bäumen, den Blumen, den Vögeln, eben von allem, was er sehen konnte. Und dieser tat ihm den Gefallen und berichtete täglich in den schönsten Worten und bis ins kleinste Detail über alles, was sich vor dem Fenster abspielte. Doch eines Nachts war der Mann am Fenster eingeschlafen und nicht mehr aufgewacht. Als die Pfleger ihn morgens fanden und abholten, bat sein Zimmergenosse, der inzwischen zum Freund geworden war, man möge ihn doch bitte ans Fenster verlegen. So könne er wenigstens ein klein wenig vom Himmel sehen, von dem ihm der Verstorbene immer so herrlich berichtet hatte. Die Pfleger waren darüber sehr erstaunt. *„Was"*, fragten sie, *„ihr Bettnachbar hatte ihnen immer von dem erzählt, was er da draußen gesehen hatte? Das kann nicht sein, der Mann war doch schon vor vielen Jahren erblindet!"*

veränderlich

Oh Herr, was ich dich mal fragen wollte: Hat dich die Digitalisierung schon erreicht? Du weißt schon, Glasfaser und so! Wenn nicht, hätte ich da ein echtes Problem. Denn, warum sollte ich dir auf dem Smartphone schreiben, wenn es dann nicht bei dir ankommt? Zum Beten habe ich eigentlich nie Zeit, aber nebenher kann ich schon mal was eintippen, das geht bei mir ganz automatisch. Moment, ich muss kurz Pause machen, da kommt grad was rein - - - - Ja, schon ´ne feine Sache, so viele Freunde hatte ich noch nie. Früher waren es gerade mal eine gute Handvoll und Stand heute schon über dreihundert! Lauter geile Typen, so wie ich! Seit ich voll vernetzt bin, läuft's wie geschmiert – immer was los. Wenn ich da – oh Moment bitte - - - - jetzt geht's weiter, also wenn ich da ein paar Jahre zurückdenke, da war noch echt tote Hose. Super Sache, diese neuen Medien! Hab mir schon jede Menge Apps runtergeladen. Jetzt bin ich immer über alles voll informiert und kann mithalten! Ich kann sofort alles teilen und jeder sieht, dass ich online bin.

Ey, und erst das Einkaufen! Was bin ich nicht früher stundenlang durch die Läden getigert, hab' mich abgeschleppt und das ganze Zeug dann die

Treppen hoch geschleift. Aber nicht mit mir! Drei, vier Klicks und schon wird der Krempel geliefert. Muss nicht mal mehr auf den Markt und frische Sachen kaufen, alles wird gebracht! Echt 'ne Supersache! Jetzt hab' ich Zeit ohne Ende, um meine Kontakte zu checken und - - - - sorry, war wichtig – und - - - - oh, gleich nochmal, musste sein – und, äh, was wollte ich gleich nochmal schreiben? Ja Herr, du siehst, hier geht's - - - - ähm, hier geht's ab.

Okay, dann will ich's morgen noch - - - - oh, das war jetzt grad ´ne echte Monstermail. Da schreibt mir doch mein Chef, dass er zum Monatsende den Laden dichtmachen will. Es kämen keine Kunden mehr und der Umsatz wäre eingebrochen – ähm, muss ich gleich weiterleiten, damit alle meine Freunde sehen, dass mein Chef die Kündigung noch nicht mal persönlich aussprechen kann! Echt Kacke!! - - - -

∞

Das ganze Leben besteht aus Wandel,
somit ist Wandel auch das Einzigste, das keiner
Veränderung unterliegt und immer Bestand hat.
Es sei denn, wir ändern unser Leben.

unendliche Weiten

Um von einem Ort zum andern zu kommen, braucht es Zeit, Kraft, Zuversicht, gute Schuhe und treue Begleiter. Man braucht auch den richtigen Weg, und wer den weiß, der weiß schon viel!

Wenn Fortbewegung aber auch ohne Weg möglich wäre, also direkt und unmittelbar, ohne Zuhilfenahme einer Wegstrecke, dann hätte man es doch viel einfacher. Vielleicht nur schnell wie ein Raumschiffkapitän auf den Knopf drücken und sich „wegbeamen“? Das wäre doch super! Sofort am Ziel ankommen, ohne Aufwand, ohne Zeitverlust und ohne Hindernis.

Vielleicht hätte so eine Möglichkeit wirklich große Vorteile, doch sicherlich müssten wir zuvor erst viele innere Widerstände überwinden. Wer will denn schon auf seine eingefahrenen Wege verzichten? Schließlich hat man ja für die Benutzung von Geh- und Feldwegen, der schnellen Land- und Bundesstraßen und natürlich auch für die Autobahnen Steuern bezahlt und somit ein Recht auf Gegenleistung. Doch, wenn wir ganz ehrlich sind, dann haben wir im Grunde nicht die Wege, sondern unsere Ziele im Kopf! Wir sind immer auf der Reise zu entfernten Punkten und blicken deshalb zumeist nur gebannt in die Zukunft und nicht auf unsere Wege. Möglichst schnell weiterkommen, sich keine Zeit zum Luftschnappen und Innehalten nehmen. Mit ausgeschaltetem Gehirn gehen wir auf die Rennstrecke, geben Vollgas und blenden um uns herum alles aus.

Dabei sind doch die meisten Wege viel zu gefährlich, als dass man nur rasen könnte. Ein großer Teil davon ist nicht schnurgerade und führt oft über unsicheres Terrain. Manche führen uns sogar rückwärts, bringen uns an Stellen, von denen wir dachten, dass wir sie schon überwunden hätten. Das ist dann schwer auszuhalten, wenn man sich scheinbar wieder vom Ziel entfernt. Wo sind jetzt die Abkürzungen, die Umleitungen, die Auswege? Gibt es nicht ein Navigationssystem, das hier helfen könnte?

Vielleicht sollten wir das mit dem „Wegbeamen" noch mal überdenken und teilen uns bis dahin unsere Wünsche, Hoffnungen und Ziele in kleinere Wegstrecken ein. So hätten wir eine Menge von möglichen und erreichbaren Zielen vor Augen. Bestimmt wären wir keine Raumschiffkapitäne, aber diese Art der Fortbewegung könnte uns sogar weiterbringen – in unendliche Welten...

unwissend

Wissen mein Partner, mein Freund, mein Nachbar oder mein Arbeitskollege, wie wichtig es ist, dass es sie gibt?

Wissen sie, dass ich mich jedes Mal freue, wenn ich sie sehe oder höre?

Wissen sie, wie wertvoll ihre Hilfe, ihr Lächeln oder ihre Gegenwart für mich sind?

Wissen sie, dass mir ohne sie etwas fehlen würde, dass ich sie vermissen würde?

Wissen sie, dass ich so über sie denke?

Ich sollte es ihnen sagen!

∞

Der Unwissende findet einen schönen Stein, der Wissende erkennt darin den Edelstein, der Händler taxiert den Wert, der Juwelier formt daraus ein Schmuckstück, der Verliebte opfert am Ende mit Freude ein halbes Vermögen. So legt uns Gott auch mit scheinbar unscheinbaren Dingen ein Geschenk in die Hände...

unentdecktes Land

Mach' mich unruhig, wenn ich selbstzufrieden bin! Bring' mich ins Grübeln, wenn ich denke, dass meine Träume schon erfüllt wären!

Mach' mich unruhig, wenn ich eng und beschränkt bin, wenn ich über die Fülle, die ich besitze, schon den Durst nach Leben verloren habe!

Mach' mich unruhig, wenn ich aufgehört habe, auf die Ewigkeit zu hoffen, weil ich hier zu verliebt in meine Erdenzeit bin!

Mach' mich unruhig, damit ich mich auf das weite Meer hinauswage und mir ohne Furcht die Sicht aufs Ufer schwindet!

Rüttle mich auf, denn, wenn ich schon glaube, den sicheren Hafen zu erreichen, dann zeige Du mir die neuen Horizonte und lasse mich wagen...

∞

„Wir können den Wind nicht ändern –
aber die Segel anders setzen."

(Aristoteles, griech. Philosoph)

vierundzwanzig

Für jeden von uns hat ein Tag 24 Stunden, nicht mehr, aber auch nicht weniger. Jeder hat dieselbe Zeitspanne, an der sich nichts drehen und wenden lässt. Ein fester Wert, eine unumstößliche Größe und im Grunde eigentlich etwas, das uns Maß und Halt geben sollte. Und doch benehmen wir uns so, als ob wir einen Teil dieser eng bemessenen vierundzwanzig Stunden zu verschenken hätten. Mit dem Vorsatz „carpe diem", mit dieser Grundeinstellung, den Tag zu nützen, haben wir oft unsere Probleme und viele Stunden vergeuden wir sinnlos, ergebnislos und genauso gottlos.

Ohne Zweifel muss jeder von uns täglich seinen Verpflichtungen nachkommen und steckt fest im Korsett aus Zwängen und Notwendigkeiten, das einem oft gar keine Möglichkeit der Besinnung bietet. Man ist gefangen in beruflichen, privaten und gesellschaftlichen Netzen, aber auch in vorgeschobenen und vermeintlichen Zwickmühlen. Der Kampf, das Sinnlose zu erkennen und sich auf das Wichtige zu konzentrieren, raubt uns zusätzliche Zeit.

Ist dieser Kampf nicht schon anstrengend genug? Soll man jetzt noch die Kraft aufbringen, um festgeklemmte Schalter umzulegen? Oh je, das gibt uns ja vollends den Rest!

Ganz sicher, wir brauchen seine Hilfe und seinen Rat, um für uns selbst die richtigen Entscheidungen zu treffen und diese täglichen vierundzwanzig Stunden als kostbare Lebenszeit zu werten. Reift in uns diese Erkenntnis, dann wird erschreckend deutlich, dass jeglicher Verlust dieses knappen Gutes niemals ausgeglichen werden kann. Auch jedes, nur aus vorgeschobenem Zeitmangel geschehene Versäumnis, werden wir nie wieder nachholen können.

Vierundzwanzig Stunden können alles sein – im Guten wie im Schlechten. Jeden Abend vor dem Schlafengehen den zu Ende gehenden Tag noch einmal kurz Revue passieren zu lassen, wäre vielleicht ein Anfang...

∞

...immer nur eilen und hasten,
immer nur springen und rennen,
immer nur arbeiten und streben,
keine Zeit, niemals –
und wenn doch,
dann geht's nicht schnell genug...

Augenblick

Der Augenblick,
der ist sich selbst genug,
er schert sich nicht um gestern oder morgen.
Der Augenblick
hält nichts von Selbstbetrug,
er spielt sich selbst,
der Rest bleibt ihm verborgen.

Der Augenblick
ist ehrlich, ungeschminkt, direkt,
hat keine Zeit, ist nicht nach Beifall haschend.
Der Augenblick
hat sich noch nie versteckt,
man weiß, er kommt –
doch kommt er überraschend.

Der Augenblick
ist hier, zu jeder Zeit
und augenblicklich ist er schon verschwunden.
Man misst ihn nicht in Jahr und Tag,
wohl eher in Sekunden.

Er setzt die Zeichen, gibt den Ton,
spielt auf in Dur und Moll.
Der Augenblick
ist unscheinbar und doch so anspruchsvoll.

Der Augenblick
ist auf dem Sprung und immerzu in Eile –
er hinterließ auch hier bei mir
auf diesem kleinen Stück Papier
nur diese kurze Zeile.

Ach Augenblick, ich wünsche mir
so ab und zu nur eins von dir:

Ach Augenblick – verweile!

∞

...auch die schönsten Stunden
vergehen wie im Fluge.
Wer sie mit Gewalt festhalten will,
dem rinnen sie augenblicklich durch die Finger.

Doch in der Erinnerung leben sie ewig fort...

für jeden Tag

Herr, ich bitte dich, dass ich jeden Tag genügend Aufgaben habe, die ich erfüllen kann, dass ich immer so viele neue Impulse erhalte, damit meine Welt bunt und spannend bleibt...

Herr, ich bitte dich an jedem Tag um ausreichend Liebe, Großzügigkeit, Aufmerksamkeit und Mitgefühl, damit ich nicht abstumpfe und kalt werde...

Herr, ich bitte dich, mir jeden Tag so viel Licht und Sonnenschein zu schenken um mir meinen Geist zu erhellen, damit nichts unentdeckt bleibt...

Herr, ich bitte dich, mir jeden Tag die Gewissheit zu geben, dass jeder Nacht, auch wenn sie noch so dunkel wäre, ein neuer Morgen folgen wird...

Herr, ich bitte dich von ganzem Herzen um deine Gnade, dass ich allezeit die Gewissheit habe, bei dir geborgen zu sein und dass du jeden Tag für alles, was ich brauche, sorgen wirst.

Das bitte ich dich für jeden neuen Tag.

Soweit die Wolken gehen

Deine Wahrheit und deine Güte sind unvergänglich!

Diese Zusage gibst du uns mit auf den Weg. Wir haben sie schon empfangen, noch bevor wir geboren wurden. Eigentlich eine tolle Sache, denn wir kommen nackt auf die Welt und sind schon reicht beschenkt. Ein Kleinkind weiß jedoch noch nichts von seinem Glück und es dauert eine ganze Weile, bis sich eigenständiges Denken entwickelt. Doch spätestens dann darf man sich die Frage stellen, ob diese kostenlose Lebensausstattung irgendwie hilfreich sein könnte.

Wahrheit, Gerechtigkeit und Güte – diese drei großen wertvollen Geschenke liegen schon auf dem Gabentisch. Aber wie oft ist noch nicht einmal den Erwachsenen bewusst, was das bedeutet. Die Ablenkung ist groß, das Interesse gering und Nachteile durch Nichtbeachtung offensichtlich auch nicht direkt zu erkennen.
Ein Leben, ohne die Wahrheit, Güte und Gerechtigkeit unseres Herrn je kennengelernt zu haben ist möglich. Und den allermeisten wird auch niemals bewusst werden, welche Freude, welche Hilfe und welche unendliche Gnade ihnen da-

durch entgeht. Solange alles reibungslos verläuft, man alle Stolpersteine ohne Mühe selbst überwinden kann, solange sträuben wir uns gerne, Ratschläge, Kritik oder auch nur andere Meinungen zu akzeptieren. Wir sind die Größten und nach uns kommt erst mal gar nichts.

Manchen wird vielleicht erst mit der Geburt des eigenen Kindes klar, dass dieses Glück, dieses unglaubliche Wunder des Lebens gar nicht so selbstverständlich ist. Zumeist sind es unsere Lebenskrisen, die uns wachrütteln. Manch einer erinnert sich erst daran, wenn die Partnerschaft zerbricht, er selbst von schwerer Krankheit betroffen ist, seine Arbeitsstelle verliert oder gesellschaftlichen Abstieg vor Augen hat. Jetzt wird nach den helfenden Strohhalmen gesucht. Ja, dann ist guter Rat teuer!

In Wirklichkeit ist dieser Rat aber nicht teuer, sondern kostenlos, liegt schon immer in uns verborgen und wurde bisher nur noch nicht gesucht. In Psalm 36 heißt es dazu: *„Du bist die Quelle des Lebens und in deinem Lichte sehe ich das Licht."*

Dieses Licht scheint in uns, immer – auch in der allergrößten Dunkelheit. Wir blicken aber so viel lieber nach außen, suchen unsere Hilfe bei anderen und haben vergessen, dass die größte Hilfe bereits in uns gelegt wurde. Sich dieses bewusst zu machen, zu entdecken, dass einem, komme was da wolle, im Grunde nichts Böses geschehen kann, weil die Güte des Herrn von Anbeginn in uns wohnt, das ist schon eine wahrlich wundersame Stärkung.

Jetzt sind wir frei! Jetzt kann uns auch der schwerste Schicksalsschlag treffen und wir können standhalten, aushalten und überwinden. Durch diese innere Kraft können wir in all unserer Schwachheit auf eine ungeahnte Stärke zurückgreifen. So befreit können sich unsere Augen öffnen und jetzt wird sichtbar und offensichtlich, was wirklich wichtig ist – denn du hilfst allen, die unter deinen Flügeln Zuflucht suchen...

∞

...wo ich auch bin, was ich auch tue,
ob es Tag ist oder Nacht,
was ich auch versuche, was ich auch unterlasse –
immer zieht es mich,
wie an einem unsichtbaren Faden,
heim zu dir...

Sommer

...unter wiegendem Blätterdach liegen,
Pinselstriche aus Sonnenfäden
auf salziger Haut spüren.

Den Gedanken wie auf sanften Wellen
Raum zum Spielen geben,
die Wärme genießen
und diese Energie förmlich einsaugen.

Stunden später, erfüllt mit Licht,
mit Sonnenkraft, Zufriedenheit
und Dankbarkeit
im Abendrot versinken.

Herr, wie vielfältig und groß
sind deine Wunder.

Lass mich dir danken,
dass ich einen Bruchteil davon
erkennen darf...

satt

wunderschöne Landschaften – sieht keiner mehr
historische Gebäude – ein Foto und das war's
unglaubliche Vegetation – Augen zu und durch
fremde Kulturen – aber schmecken soll's dann
wie daheim

Nur, wenn dann abends im Luxus-Hotel vom Fünf-Gänge-Menü ein halber Gang fehlt oder im Zimmer ein winziger Staubfussel auf der Kommode liegt, aber hallo, dann ist was los! So etwas wird sofort registriert und der geschulte Blick sieht alles, wirklich alles. Das muss man sich als zahlender Gast auch ganz bestimmt nicht bieten lassen! Auf der Stelle ist der Fotoapparat zur Hand und jede noch so kleine Unstimmigkeit wird festgehalten. Man legt die höchsten Maßstäbe an, denn Akzeptanz oder Toleranz gehören nicht mit zum Reisegepäck. Zu was zahlt man schließlich seine Beiträge zur Rechtsschutzversicherung? Doch vor lauter Kleinkariertheit bemerkt man schon gar nicht mehr, dass im Urlaub alles so perfekt sein muss, wie man es zu Hause nie hätte – und je öfter man sich Urlaub leisten kann, umso mehr kann sich dieses Anspruchsdenken entwickeln.

In kurzen Hosen, mit Badeschlappen, gern auch mit durchgeschwitzten Unterhemden setzt man sich dann vollkommen ungeniert an den gedeckten Tisch. Aber wehe, vom Personal spricht jemand nicht perfekt Deutsch oder die kostenlose Flasche Tischwein steht nicht schon am Platz – dann wird aufbegehrt. Jetzt hatte man doch als Frühbucher und Schnäppchenjäger wochenlang sämtliche Internetseiten vorwärts und rückwärts durchforstet, bis man endlich sein Traumziel zum Traumpreis gefunden hatte – und nun solch eine Enttäuschung!

Also, wenn man sich dann eine abendliche Unterhaltung anhören muss, in der es nur noch darum geht, dass das Wetter nicht mitspielt, einem das ungewohnte Essen nicht mundet, der Aufzug viel zu lange braucht und das Paar vom Nachbartisch für dieselbe Reise hundert Euro weniger bezahlt hat – okay, dann sollte man sich doch fragen dürfen, warum diejenigen, denen auch so gar nichts passt, nicht einfach zuhause geblieben sind...

Die Wissenschaft hat ja schon längst erforscht, dass sich echte Erholung erst nach etwa vierzehn Tagen einstellt. Doch selbst diese fundierte Erkenntnis geht heute ungestreift an manchen vorbei. Bei einigen wird wahre Urlaubsfreude erst dann spürbar, wenn sie hinterher möglichst viel von den Reisekosten zurückerstattet bekommen. Doch bis es soweit ist, gehen sie im Hotel gezielt auf die Suche nach Schwachstellen, ohne zu bemerken, dass sie dabei selbst längst die größte Schwachstelle sind!

Also, da denke ich mir meinen Teil und komme zum Ergebnis, dass dieses erstaunliche Verhalten vielleicht damit zu tun haben könnte, dass es den Menschen einfach gut geht – wer weiß, vielleicht viel zu gut. Nur erkennen wir es vor lauter Wohlstand einfach nicht mehr...

∞

...ach, wie könnte doch alles so schön sein.
Wie könnte man nicht jeden einzelnen Tag
auskosten und genießen.

Ja, wie könnte doch alles
so viel angenehmer,
so viel einfacher und leichter sein,
wenn man sich nicht jeden Tag
selbst im Weg stehen würde...

Toleranz

...ein kleiner glänzender Käfer
sitzt auf einem Blütenblatt
und schaukelt sich sanft im Wind.
Grüngolden schimmert sein Kleid
in der warmen Junisonne.

Ein paar Tage zuvor waren beide noch nicht da,
nicht die leuchtende Blüte,
auch nicht der glänzende Käfer
und heute machen sie mir solche Freude.

Doch auf einmal bemerke ich,
wie der kleine Käfer Löcher in die
schönen Blütenblättchen frisst.
Kurz überlege ich,
ob ich ihn wohl abschütteln soll,
doch ich lasse ihn, wo er ist.

Sind beide so schön – auch zusammen...

∞

In der Natur wird sich kein Lehrling finden lassen,
jeder ist Meister!

schwere Last

Zwei Mönche hatten sich das Gelübde auferlegt, einmal im Leben eine lange Wanderung zu allen Klöstern ihres Ordens zu machen. Viele Tage waren sie nun unterwegs und jeder neue Tag brachte immer wieder Überraschungen und Herausforderungen mit sich. So kamen sie eines Morgens an einen breiten Fluss, den sie überqueren wollten. Da sahen sie am Ufer eine junge hübsche Frau stehen, die ebenfalls auf die andere Seite wollte.

Hilfesuchend wandte sich die Frau an die beiden Mönche: *„Könnten sie mir behilflich sein? Ich möchte auch an das andere Ufer kommen, doch traue ich mich nicht alleine. Die Strömung ist so stark und ich habe Angst, dass ich ertrinke!"*
Ohne zu zögern ging einer der Mönche auf die Frau zu, nahm sie huckepack und trug sie sicher durch den Fluss. Am anderen Ufer setzte er sie trockenen Fußes wieder auf die Erde. Die Frau bedankte sich herzlich und alle setzten ihre Reise fort.

Doch nachdem eine Stunde vergangen war, begann der Mönch, der nicht geholfen hatte, laut zu schimpfen: *„Ja, du weißt schon, was du da getan hast? Uns Mönchen ist es strikt verboten, uns ei-*

ner Frau zu nähern. Wie konntest du nur gegen diese eiserne Regel verstoßen?!"
Der Mönch, der die Frau durch den Fluss getragen hatte, hörte sich die Vorwürfe seines Bruders eine ganze Weile ruhig an. Dann antwortete er mit leichtem Schmunzeln: *„Vor einer Stunde schon habe ich die Frau am Ufer wieder abgesetzt. Wieso trägst du sie immer noch mit dir herum?"*

∞

In Berlin sollen sich Einstein und Papst Pius XII unterhalten haben:

„Ich achte ja die Religion, aber ich glaube an die Mathematik. Bei Ihnen, Eminenz, wird es sich umgekehrt verhalten!" Der Papst entgegnete: *„Sie irren, Mathematik und Religion sind für mich nur die verschiedenen Ausdrucksformen derselben göttlichen Exaktheit!"* Einstein fragte: *„Aber wenn nun die mathematische Forschung ergäbe, dass gewisse Erkenntnisse der Wissenschaft denen der Religion widersprächen?"* Darauf die Antwort: *„Ich schätze die Mathematik so hoch, dass Sie, Herr Professor, in diesem Falle nie aufhören sollten, nach dem Rechenfehler zu suchen..."*

tief gesunken

Ein Mann hatte schon lange den Wunsch gehegt, nach vielen Jahren wieder einmal eine schöne Wanderung durch das große Moor zu unternehmen. Also machte er sich auf den Weg. Doch er bemerkte recht schnell, dass die Pfade durch das Moor nicht mehr so verliefen, wie er es noch von früher im Gedächtnis hatte und so kam es, wie es kommen musste, er verirrte sich und wusste bald weder ein noch aus. Doch, wie es oft im Leben geht, wenn man schon Pech hat, ist oft das Unglück auch nicht mehr weit. So kam er irgendwann vom festen Grund ab und blieb mit beiden Füßen im Moor stecken. Auch mit größter Kraftanstrengung gelang es ihm nicht mehr, dem tückischen Sumpf zu entkommen. Er wusste sich aber zu helfen und richtete sogleich ein Stoßgebet zum Himmel, dass der Herr ihn aus seiner misslichen Lage befreien möge.

Nach einiger Zeit kam ein Wanderer des Weges und fragte höflich, ob er ihn wieder zurück auf festen Boden ziehen solle. Doch der Mann antwortete: *„Nein, das ist nicht nötig, der Herr wird mir helfen!"*

So sank er immer tiefer ein. Eine Stunde später kam ein Jäger vorbei und bot ebenfalls seine Hilfe an. Und wieder gab der Mann zur Antwort: *„Nein, das ist nicht nötig, der Herr wird mir helfen!"*

Nach weiteren zwei Stunden kam schließlich eine Wandergruppe auf ihn zu. Auch diese wollte hilfsbereit sein, doch der schon bis zu Brust Versunkene wehrte dankend ab. *„Nein, das ist nicht nötig, der Herr wird mir helfen!"*

Der Tag war noch nicht vergangen, da verschluckte das tiefe Moor den Mann und nichts war mehr von ihm zu sehen.

Nachdem er an der Himmelspforte angekommen war, wurde er von Petrus freundlich gefragt: *„Sage mir, was ist dir widerfahren?"* Darauf entgegnete der Mann ziemlich beleidigt: *„Ach, ich bin im Moor versunken und hatte mich auf die Hilfe des Herrn verlassen, dass er mich erretten möge! Wie du siehst, war mein Bitten vergeblich!"*

Da rief plötzlich von hinten eine Stimme ganz erbost: *„Oh, du Kleingläubiger! Dreimal habe ich dir meine Engel gesandt, aber du wolltest sie einfach nicht erkennen…!"*

Bei jedem Atemzug

„Bei jedem Atemzug, den du nimmst, und bei jeder Bewegung, die du machst, werde ich dich beobachten, jeden einzelnen Tag…“, so lauten die ersten Worte aus einem Song von „Police“.

Schon oft wurden diese Liedzeilen interpretiert und häufig auch mit den modernen Medien, dem Internet und den großen Datensammlern wie „facebook“ oder „Google“ verglichen. Jede Bewegung, die wir im Netz hinterlassen, jeder einzelne Klick wird gespeichert, ausgewertet und vermarktet. Längst sind wir nicht nur durchsichtig, sondern bereits komplett durchschaut. Die Geschäftsmodelle der großen Internetfirmen beruhen ja gerade auf dem Sammeln und Verwerten unserer Daten. Dabei wissen wir als Nutzer dieser Medien schon lange nicht mehr, wer uns da durchleuchtet und beeinflusst. Wenn wir uns im Netz bewegen, sind wir immer mit dabei, ob wir wollen oder nicht. Was hierbei mit den gesammelten Informationen geschieht, wissen wir nicht und können uns auch kaum dagegen wehren. Wird ein Datenskandal bekannt, ist die Empörung groß und jeder fordert sofort härtere Regulierungen und Einschränkungen. Dass aber bei solchen Vorfällen nur die Spitze des Eisbergs zu Tage tritt, wird erst langsam deutlich und ist doch so offensichtlich. Permanenter Missbrauch findet statt und wir lassen es einfach geschehen!

„*...denn wir wissen nicht, was sie tun...*" Diese etwas umformulierten Worte sollten uns wirklich zu denken geben! Schon werden in China die Menschen nach einem Punktesystem bewertet, in das alles einfließt, was sich über den einzelnen an Informationen finden lässt. Computerprogramme tragen zusammen, werten aus und legen fest. So werden Lebenswege gezielt gelenkt und gesteuert, natürlich in die Richtung, die den Regierenden angenehm erscheint.

Ein entscheidender Unterschied besteht jedoch noch immer. Während die Menschen sich vor allem durch Äußerlichkeiten leiten lassen, schaut Gott in unser Herz, sieht unser Innerstes. Möglicherweise versuchen sich Programmierer oder die künstlich erschaffene Intelligenz bald selbst daran, göttlich zu sein. Orson Welles* hätte sich nicht gewundert. Doch auch hier existiert ein tiefgreifender Gegensatz: Vor dem, was Gott in meinem Herzen sieht, habe ich keine Angst, denn ich weiß, dass er mir meine Verfehlungen immer auch vergeben wird!

*(Orson Welles, US-amerik. Schauspieler und Filmregisseur, Autor des Science-Fiction-Romans „1984")

ruhelos verweilend

„Herr, deine Güte reicht, soweit der Himmel ist und deine Wahrheit, soweit die Wolken ziehen"
(aus Psalm 36)

Urlaub – endlich Urlaub! Lang herbeigesehnt und nun tatsächlich greifbar. Ein paar Tage nur und doch wie ein wertvoller Schatz. Ruhe und Erholung, eine hoch willkommene Unterbrechung des rastlosen Alltags. Und wie auf Bestellung bessert sich das Wetter. Die Sonne zeigt sich von ihrer besten Seite. Sanft wärmende Strahlen, nur vereinzelte Wolken und mild streichelnder Wind.

Schon viele Tage zuvor hat sich in mir Erwartung, gleichzeitig mit echter Zufriedenheit, eingestellt und mich in frohe erlösende Stimmung versetzt. Jetzt, da diese herbeigewünschten Tage nahe sind, sie direkt vor mir und ich in ihnen liege, gesellt sich noch ein großes Stück Dankbarkeit dazu.
Tage des Loslassens, der Ruhe, des Friedens – mit der Frau, mit den Kindern, mit lieben Freunden. Einfach nur freie Zeit ohne Planung, ohne Ziel, ohne Programm, ohne selbst auferlegte Zwänge. Einfach nur ohne...

Wie schön ist es doch, alleine oder zu zweit einmal nur in den Himmel, auf die ziehenden Wolken zu blicken und in den Tag zu träumen. Wie im Fluge knüpfen sich lose Gedankenfäden dazwischen. Nur halb angedacht, eingestreut wie die Wolken, die ich im Augenblick betrachte. Unbeschwerte Gedanken, die sich sogleich wieder auflösen und verfliegen.

In mir stellt sich ein Gefühl grenzenloser Freiheit ein. Ich fühle mich beinahe schwerelos, kann meinen Ballast abwerfen, mich mitziehen und treiben lassen. Einfach nur mitnehmen lassen, irgendwohin, wie die Wolken, die sich ständig verändern und bewegen. Im Augenblick sammeln sie sich am Himmel, um sich im nächsten Moment schon wieder aufzulösen, um ins helle Licht der Sonne einzutauchen und zu vergehen. Gerne lasse ich mich ergreifen, werde Teil des himmlischen Spiels. Mein Geist ist bei den Wolken, schwebt mit ihnen so leicht und beflügelt. Immer noch bin ich fest auf der Erde und doch so weit weg in einer, von warmem Licht durchfluteten, ganz anderen Welt. Jede Sekunde prägt sich mir ein, drückt ihren dauerhaften Stempel in mich.

In der Bewegung des Himmels entsteht für mich ein Gefühl der Größe und der eigenen Winzigkeit zugleich. Ich male mir meine eigenen, fein getupften Bilder zwischen die Wolken, so leicht und fließend wie ein zartes Aquarell – und doch so eindringlich wie kräftiges Azur. Es sind diese Bilder, diese Farben, diese Stimmungen, die diesen Urlaubstag für mich so bleibend werden lassen. Eine glückliche losgelöste Stunde – ja ein ganzer befreiender Tag kann ein Leben lang in meinen Gedanken verweilen. In meinem Inneren – für mich...

∞

...eine Schwalbe macht noch keinen Sommer
und eine Taube noch keinen Frieden

ein Flackern allein macht kein Feuer
und eine Krone noch keinen König

eine Rose macht keine Liebe
und ein Name allein noch keinen Menschen,

aber ein kleines Glück
macht alles vergessen...

Mut

Schenke mir Mut!

Den Mut, heute in den Tag zu gehen, ihn so anzunehmen, wie er ist und jede Minute dieses Tages zu nützen. Dieser Tag kommt nur einmal.

Den Mut, die nötigen Schritte zu gehen, nach vorne zu gehen. Den Mut, auf andere zuzugehen, den Zugang zu finden. Zu wissen, dass der Schritt, der heute nicht gegangen wird, ein Stück verlorenen Weges ist.

Den Mut, das, was ich denke, auch klar auszusprechen, offen zu sein und mich zu öffnen. Den Mut, selbst Türöffner zu sein und meinen Mut weiterzugeben. Mutig zu sein schafft Zuversicht in mir selbst.

Den Mut, vor Schwierigkeiten nicht zurückzuschrecken, nicht aufzugeben, nicht nachzulassen, sondern sie als Chance zu begreifen. Daraus erwächst neuer Mut und neue Kraft.

Den Mut, ohne Angst in die Zukunft zu blicken und alles, was kommen wird, als Herausforderung anzunehmen und nicht als Problem. An Überwundenem wachsen und immer mutiger werden.

Den Mut sich aufzurichten, aufrecht zu stehen, immer wieder und nicht liegenzubleiben. Den Mut weiter zu gehen, auch wenn Stillstand bequemer wäre. Den Mut, auch dann mutig zu bleiben, wenn ich nicht mehr weiter weiß. Den Mut ruhig zu bleiben, auch wenn ich nicht weiß, was mich erwartet.

Schenke mir den Mut, in allem und über allem die Gewissheit zu haben: „Ich bin nicht allein!"

∞

„In allem Leben ist ein Trieb
nach unten und nach oben.
Wer in der rechten Mitte blieb –
von beiden – ist zu loben.

In Hochmut überheb' dich nicht,
und lass den Mut nicht sinken.
Mit deinem Wipfel reich' ins Licht
und lass die Wurzel trinken."

(Friedrich Rückert, dt. Dichter und Lyriker)

Ein Wink des Himmels

...ach, jetzt schau' doch,
wie es langsam Nacht wird,
so eine dunkle Nacht,
wie es nur selten eine gibt.

So still, dass man meinen könnte,
wir zwei wären in dieser unendlichen
Dunkelheit auf einmal ganz alleine.

Komm, schmiege dich ganz eng an mich
und wir halten uns fest, drücken uns,
bis uns innendrin ganz warm und wohlig wird.

Vielleicht geschieht heute Nacht
ein kleines Wunder im großen Himmelszelt
und ein kleiner, unendlich weit entfernter
und vielleicht schon längst
erloschener Stern blinkt uns zu.

Einer aus unzählbaren Milliarden –
für uns zwei – ganz allein...

Wahre Liebe!

Wenn ich ehrlich bin, heute Morgen gefalle ich mir gar nicht! Der Blick in den Spiegel spricht eine überdeutliche Sprache. Meine Nacht war kurz, mein rheumatischer Mitbewohner hatte mir mal wieder wenig Ruhe gelassen – und das habe ich jetzt davon. Dunkle Augenringe, erschreckend tiefe Falten und das grelle Licht des Badezimmers tut sein Übriges dazu.

Dass sich der menschliche Körper im Laufe der Jahre verändert ist mir schon klar, aber muss es denn gerade heute Morgen so glasklar sein? Wenn ich mich betrachte, mit meinem komplett ergrauten Haar, also das, was davon noch übrig ist, mit meinem Bauchansatz, der sich früher noch gut einziehen ließ, mit meinen Altersflecken, die deutlich an Zahl zugenommen haben. Also, wenn ich mich so betrachte, legt sich unverhohlen eine bedrückende Stimmung auf mein Gemüt. Vielleicht sollte ich doch wieder diese alten schmeichelnden Glühbirnen in die Fassungen drehen.

Doch gerade, als ich nach meinem Unterhemd greifen will, kommt meine Frau ins Badezimmer, schaut mich an und sagt ganz liebevoll: *„Also wirklich Schatz, du hast dich all die Jahre kaum verändert!"*

reich beschenkt

Duftende Blumensträuße, guter Wein, spannende Bücher, herrliche Musik, edler Schmuck, ausgesuchte Pralinen, tolle Kleidungsstücke...

Nun, bei dieser sehr lückenhaften Aufzählung fällt mir ins Auge, dass immer ein Adjektiv vorgestellt ist, um die Bedeutung des Geschenks auch gebührend zu unterstreichen. Oder möchte sich gar der Schenker dabei in seiner Wichtigkeit hervortun und benützt ein verstärkendes Mittel für seine Absicht? Ich denke nicht, viel eher handelt man längst unbewusst und überlegt sich gar nichts dabei – es ist ja auch selbstverständlich, dass unser Geschenk etwas Besonderes sein muss!

Allerdings werden auch noch so teure und noch so aufwändig verpackte Geschenke aufgrund von solchen Steigerungsformeln nicht herzlicher oder liebevoller. Und eines können all diese stolz vorangestellten Adjektive und mögen sie dabei noch so einmalig und exklusiv sein, nicht: Keines davon kann in den Arm nehmen!
Schenke ich meinem Gegenüber bewusst Aufmerksamkeit, dann beschenke ich mich im gleichen Moment auch selbst, weil augenblicklich so viel Gutes zurückfließt. Meine bedingungslose Be-

reitschaft, die Empfindungen, Gedanken und Emotionen meines Gegenübers zu erspüren und zu spiegeln, öffnet Türen des Vertrauens, öffnet Fenster der Achtsamkeit und der Liebe.

Dabei gibt es sicherlich jede Menge Menschen, mit denen man sich nicht versteht, auch beim besten Willen nicht. Man spürt oft sehr schnell, dass keine gemeinsame Wellenlänge vorhanden ist und sich Empathie gar nicht erst entwickeln kann. Doch deswegen muss ich keine Schuldgefühle bekommen, denn jedermanns Freund zu sein ist schlicht nicht möglich.

Ja, und da bin ich mir ganz sicher: Wenn ich mich nicht verschließe, meine Türen öffne und unvoreingenommen auf andere Menschen zugehe, dann häufen sich die Geschenke – so viele, dass ich sie gar nicht alleine tragen kann.

„Everybody's darling" muss und kann niemand sein! Bei Milliarden Menschen auf dieser Erde reicht ein winziger Bruchteil guter Beziehungen vollkommen aus.

Bestimmung

Füreinander bestimmt – zusammen ein Paar,
wie vor ihnen noch keines war
und miteinander vollendet und reich,
kein anderes käme wohl irgendwann gleich.

Sie verändern sich nicht,
auch nicht mit den Jahren.
Wie lang es schon geht,
ist nicht zu erfahren.

Immer frisch und beständig und ewiglich treu,
doch voreinander, da zeigen sie Scheu.
So scheu wie in erster zarter Liebe,
so stark und umfassend
und niemals loslassend,
auch nicht im ewigen Zeitengetriebe.

Sie brauchen sich,
ohne den andern wär' alles vorbei,
sie ergänzen sich nahtlos,
wie Zauberei.

Was der eine getan, der andre gelassen
führt niemals zum Streit,
man kann es kaum fassen.

Ein jeder wartet, ohne zu drängen
und bleibt dabei frei
von irdischen Zwängen.

So eng beieinander, so nahe und traut,
doch nie hat einer den andern geschaut.
Der eine kann ohne den andern nicht sein,
sie sind füreinander gemacht,
doch können sie niemals zusammenkommen –

sie sind's: Der Tag und die Nacht!

∞

„Freudvoll und leidvoll – gedankenvoll sein,
hangen und bangen in schwebender Pein.
Himmelhoch jauchzend, zu Tode betrübt;
glücklich allein ist die Seele, die liebt ..."

(Johann Wolfgang von Goethe,
aus: Egmont. 3. Akt, Klärchens Lied)

Absicht?

„Menschenskinder aber auch! Was ist nur mit mir los! Überhaupt gar nichts will mir heute gelingen!"

Mal ehrlich, wenn der neue Tag schon so beginnt, dann wäre man doch lieber im Bett geblieben. Zuerst schütte ich den Kaffee über den gesamten Frühstückstisch, muss mich sogar umziehen, weil Hose und Hemd auch etwas abbekommen haben. So, und weil das noch nicht reicht, ziehe ich die Wohnungstür zu und lasse Schlüssel samt Brieftasche im Flur liegen. Da könnte man doch echt aus der Haut fahren!

Ein kleines Problem bei der Geschichte ist allerdings, dass man eben nicht aus seiner Haut fahren kann, sie auch nicht einfach wechseln kann. Die Möglichkeiten eines Chamäleons bleiben uns leider versagt. Doch versuchen können wir's ja mal!

Wenn ich mich in stillen Momenten einmal hinterfrage, dann muss ich ungern zugeben, dass auch ich gerne in ein falsches Mäntelchen schlüpfe und mich nicht so gebe, wie ich eigentlich bin. Wie schnell bediene ich mich hilfsbereiter Mittel, manchmal bewusst, aber was im Grunde noch viel erschreckender ist, viel häufiger gänzlich unbewusst. Täuschung, Versteckspiel, Theatervorstellung, Blendung...

Dabei mache ich mir am allerwenigsten Gedanken darüber, ob mich jemand durchschaut. Viel wichtiger ist für mich, den schönen Schein zu wahren. Meine teflonartige Schutzhülle lässt dabei auch jede Selbstkritik abperlen, schließlich soll mich meine Hülle ja schützen und nicht verletzlich machen. Unbemerkt füge ich mir aber mit meinem Verhalten immer wieder neue Wunden zu, neue Narben und lege mir schließlich ein dickes Fell zu. Und wenn meine Haut dann hart genug und das Fell dicht genug geworden sind, dann komme ich darunter gehörig ins Schwitzen und würde gerne wieder aus meiner selbst geschaffenen Ummantelung fahren. Vielleicht wird mir jetzt klar, dass ich mich schon lange im Kreis drehe und den Ausstieg verpasst habe.

Ich bin auf dem Weg und gleichzeitig auch immer auf der Suche nach dem Ausweg – und das ist gut so. Solange ich auf der Suche bin, habe ich mein Visier nicht geschlossen. Solange ich meine Fehler noch erkennen kann, weiß ich, dass einer meinen Weg mit mir geht. Und ich bin mir sicher, dass Gott mich so gewollt hat, wie ich bin – und hätte er es anders gewollt, dann hätte er mich sicher anders gemacht...

Mutig sein!

Ach, wäre ich doch immer mutig! Könnte ich doch immer darauf vertrauen, meine Ziele auch zu erreichen. Ich müsste dazu nur sämtliche Hindernisse und Schwierigkeiten überwinden und das wäre bestimmt ganz schön anstrengend und zeitraubend.

„Ach, gar nicht so leicht, dieses mutig sein!"

Soll ich lieber nicht so viel Mut aufbringen und dafür ein ruhigeres Leben führen? Soll ich mich lieber in der Masse treiben lassen, als selbst die Richtung zu bestimmen? Ist es besser, nirgends anzuecken und die Augen zu verschließen?

„Ach, ganz schön langweilig, dieses mutlos sein!"

Also gut – ich will mal versuchen, ob ich ein wenig mutiger werden kann, vielleicht ist es ja gar nicht so schwer! Halte ich es aus, meinen eigenen Schattenseiten ins Auge sehen? Kann ich Rückschläge einstecken und Provokationen aushalten? Kann ich mich für eine gute Sache einsetzen, auch wenn es meine Zeit in Anspruch nimmt? Kann ich mich auch gegen Unrecht engagieren? Bringe ich es fertig, den vielfältigen Versuchungen nicht immer nachzugeben und meine eigenen Möglichkeiten auszuprobieren? Gelingt es mir, Fragen zu stellen und die Antworten auszuhalten? Habe ich den Mut, zu meiner Meinung zu stehen? Vor lauter Fragen wird mir schon ganz schwindelig! Habe ich denn so viel Selbstvertrauen, dass mir das gelingt? Ja, alles gar nicht so einfach, aber wer hat denn auch gesagt, dass das Leben einfach wäre.

Doch mein Selbstvertrauen gründet eben auch im Vertrauen auf Gott! Er schenkt mir eine neue Sichtweise! Er hilft mir, meine Einstellung ins Positive zu wenden. Er bewirkt, dass ich mich jeden Tag aufs Neue ermutigen kann, weil er mich längst ermutigt hat. Und er gibt mir auch die Besonnenheit dazu, dass ich nicht übermütig werde.

„So, dann will ich also mal mutiger sein – ab wann steht noch offen..."

∞

Ja, ich würde über das weiteste Meer schwimmen, auf die höchsten Gipfel klettern, die Sterne vom Himmel holen und Träume Wirklichkeit werden lassen. Ja, das alles würde ich – wenn ich nur könnte...

Gefangen?

Ich kämpfe mit Fesseln,
ersehne den Ausweg,
dreh' mich im Kreis
und find' keine Ruh'.

Gedanken verworren,
die Richtung verloren,
bin nur auf der Suche –
wohin und wozu?

Gibt es eine Fügung –
wo liegen die Werte?
Im Streit der Gefühle –
wo finde ich Glück?

Ich suche nach Frieden,
bin immer noch süchtig,
will alles vom Leben –
wie viel ist ein Stück?

Der Zeiger dreht schneller
im Wandel der Zeiten,
kein Augenblick wartet,
wär' gerne noch Kind.

Was bringt mir die Zukunft?
Ich muss es nicht wissen,
bin nur eine Feder
und liebe den Wind...

optimistisch

Karl Valentin sagte einmal: *„Immer, wenn es regnet, freue ich mich, denn, wenn ich mich nicht freue, regnet es auch!"*
Ja, wer so pragmatisch mit gegebenen Tatsachen umgeht, der kann auch den nicht so erfreulichen Lebensumständen ganz bewusst eine komische Note abgewinnen. *„Humor ist, wenn man trotzdem lacht!"* zählt hier zu den schlauen geflügelten Worten, die wir natürlich alle jeden Tag beachten. Wer würde auch schon freiwillig zugeben, keinen Humor zu besitzen und immer nur bierernst und griesgrämig zu sein. *„Lachen ist gesund!"*, das weiß jeder und mit diesem Wissen schlucken wir jede bittere Pille viel leichter hinunter.

In einem Lied aus der Operette „Die Fledermaus" heißt es dagegen *„...glücklich ist, wer vergisst, was doch nicht zu ändern ist..."* Doch ist Vergessen, Ausblenden und Verdrängen wirklich der elegantere Weg mit allem Unliebsamem, das mir begegnet, umzugehen? Alles ist doch Teil meines Lebens, hat mich geprägt und geformt und wenn ich ehrlich bin, vergesse ich doch nichts. In irgendeiner Schublade habe ich alles abgelegt und kann, wenn ich will, immer zugreifen. Aber ich kann selbst die Wichtigkeit bestimmen und für mich entscheiden, an welcher Stelle ich einsortiere oder was ich für den Schredder bereitlege.

Vielleicht braucht es auch einmal Satire oder Galgenhumor. Deren Schärfe kann die Spitze brechen und den Fokus weiter stellen. Was gestern war, was ich gestern getan oder erlebt habe, gehört ja sowieso schon der Vergangenheit an. Ich kann nichts mehr daran ändern. Auch mit Entschuldigen, Verleugnen oder Schönreden kann ich Vergangenes nicht mehr korrigieren. Aus meinen Fehlern oder Versäumnissen lernen kann ich aber schon! Ja, ich kann mich sogar darum bemühen, dieses Wissen in die Tat umzusetzen. Vielleicht muss ich mir nur, wie Karl Valentin, jeden Tag kurz Zeit nehmen und den Spiegel vorhalten. Wer weiß, vielleicht komme ich dann wie er zur gleichen Erkenntnis: *„...wenn die stille Zeit vorbei ist, dann wird es auch wieder ruhiger...“* und kann mich selbst schon an diesem humorvollen Gedankensplitter aufrichten. Karl Valentin hatte diese Worte wohl dem Weihnachtstrubel zugedacht, aber diese Aussage trifft immer voll ins Schwarze, wenn es gilt, Besinnung, Ruhe und inneren Frieden zu finden. Einfach humorvoll um die Ecke gedacht!

Kommen aber dunkle Zeiten auf mich zu, bleibt alles bisher Gesagte nur blasse Theorie. Beim Verlust eines nahestehenden Menschen, bei schwerer Erkrankung, wenn einem die beruflichen Standbeine weggezogen werden, nein, dann ist nichts mehr gültig. Dann ist Humor nicht mehr, wenn man trotzdem lacht. Wie leicht könnte ich jetzt verzweifeln, vor Schmerz und Sorge aufgeben, wenn es da nicht eine Möglichkeit geben würde, mit meinem Kummer umzugehen.

Ich darf alles, was mich bedrückt, Ihm in die Hände legen, Ihm auch in dieser Lebensphase die komplette Verantwortung übergeben und alle Lasten Ihm auf die Schultern legen. Was ich als Mensch nicht selbst beeinflussen kann, ist bei Gott immer besser aufgehoben. Im Übrigen auch das, was ich selbst beeinflussen kann – doch blende ich das gerne aus und wähne mich im falschen Glauben, Herr über mich selbst zu sein. Sollte es mir gelingen, Gottes Hilfe anzunehmen, kann ich wieder freier atmen und trotz meiner Sorgen getrost in den neuen Tag schauen. Sollte noch ein Fünkchen Humor in mir glimmen, dann ist nichts verloren und es kann wieder zum lodernden Feuer werden.

*

Der Vorhang fürs Leben hebt sich jeden Tag aufs Neue, und nur das zählt! Begegne ich dem neuen Tag schon morgens im Badezimmer mit einem lachenden Gesicht, dann lacht er mir zurück. Garantiert!

Wohl dem, der ihn besitzt

In trüben Zeiten hilft der Spaß,
er lässt uns ausgelassen sein.
Spaß zu haben – sich zu freu'n,
hilft allenthalben ungemein.

Immer Spaß, versteht man kaum,
nur immer lachen, kann man nicht,
auch wenn der Spaß uns gern verführt,
auf Dauer spaßig ist das nicht.

Der Witz pickt sich ein kleines Stück
des prallen Lebens nur heraus,
setzt seine Pointe frech und spitz,
lacht unverhohlen grad heraus.

Ob Spaß, ob Witz – die beiden sind
von kurzer Lebensdauer.
Ob Witz, ob Spaß – Vergänglichkeit
liegt beiden auf der Lauer.

Das **eine** hat man oder nicht,
er ist der Schwung des Lebens.
Ohne – wär man nur ein Wicht,
bemühte sich vergebens.

Er ist die Gabe, die du brauchst,
das Salz, der Senf, die Würze.
Er ist das wahre Stundenglas
für deines Lebens Kürze.

Mit **ihm** lässt sich die Wahrheit sagen,
so, dass man sie versteht.
Mit **ihm** lässt sich ein Schmerz ertragen,
der **ohne** kaum vergeht.

Er ist dein Freund an allen Tagen,
weil **er** von innen kommt
und nicht zu kaufen ist.
Mit **ihm** bestehst du alle Lebenslagen,
weil du mit **ihm** stets ein Gewinner bist.

Humor – das ist das Zauberwort,
voll mit **Humor**, so lacht ein jeder Tag.
Humor – er trägt dich leicht an jeden Ort,
an den man **ohne** nicht zu denken mag.

Humor – das ist es, was du brauchst,
sei dankbar, wenn du **ihn** dein Eigen nennst.
Hast du **ihn** nicht, so pass gut auf,
dass du **ihn**, wo **er** sich auch zeigt, erkennst!

Kraft

Der Zeitraum, in dem sich für mich die Berufsaufgabe als Gärtnermeister mehr und mehr abzeichnete, war gewiss kein sorgenfreier. Auf der einen Seite meine Erkrankung, die meine körperlichen Fähigkeiten einschränkte, auf der anderen die Ungewissheit, wie es überhaupt weitergehen kann.
Im Nachhinein betrachtet, standen mir aber immer so viele helfende Begleiter zur Seite, von denen mancher bis heute vielleicht noch gar nicht weiß, wie wertvoll und wichtig gerade seine Hilfe für mich war.

Für meine Kinder waren diese Veränderungen eher Normalität, die kannten ihren Papa ja, sahen ihn jeden Tag und irgendwie war dann alles Gewohnheit. Für meine Frau war es um einiges belastender, da sie sich ja viel bewusster mit den Ungewissheiten befassen musste. Trotzdem hatten wir bei allen Sorgen wirklich immer großes Glück. Unsere Ehe ist daran nicht zerbrochen, das Verhältnis zu den Kindern hat nicht gelitten. Das Band der Zuneigung und Liebe ist nur stärker geworden. Auch mein Arbeitgeber hatte mich damals in allen Entscheidungen voll unterstützt und wir begegnen uns heute noch immer mit großem Respekt. Trotz Berufsaufgabe, Umschulung, daran anschließende freiberufliche Jahre und der heutigen Autorentätigkeit verging nie ein Tag ohne Zuversicht und Ziel. Wie dies möglich war, ist mir bis heute noch ziemlich schleierhaft. Die vielen Rheumatiker, die ich bisher bei Klinikaufenthalten kennengelernt habe, haben mir oft von erschreckenden und bösen Erfahrungen berichtet.

„Dieser Weg wird kein leichter sein" heißt es in einem Lied – und das war er auch für mich nicht. An manchen Tagen war er schon steinig und schwer. Dass mir jedoch von so vielen Seiten Hilfe, Unterstützung, Verständnis, Zuspruch und Vertrauen geschenkt wurde, ist nicht selbstverständlich und konnte nicht einfach so von alleine geschehen. Ich bin mir sicher, dass Gott mich über viele Unwägbarkeiten hinweg geführt und getragen und mir immer die nötigen Engel an die Seite gestellt hat und noch immer stellt.

Auch die Entscheidung, meine ersten Texte in Buchform und dann noch im Selbstverlag zu veröffentlichen, war ebenso von der Gnade Gottes begleitet wie die Tatsache, dass sich meine Frau dabei voll mit ihrem Können und ihrer Tatkraft eingebracht hat. Ein großes Wagnis, ja, ganz bestimmt. Aber auch ein großes Glück!

Heute darf ich rückblickend und voller Dankbarkeit sagen: Gott hat sich mir in einer unheimlich starken, väterlichen Weise zugewandt. Er hat meine verborgenen Kräfte geweckt und meine Zuversicht und meinen Humor nicht schwinden lassen. Ja, und weil das so ist, kann ich heute mit großer Freude davon berichten und meinem Gott ein wenig dieser unermesslichen Liebe zurückgeben.

∞

„Wähnen, glauben, fürchten, lieben,
sich erfreuen und betrüben,
bald sich wagen, bald besinnen,
oft verlieren, oft gewinnen,
auf der Bahn wie sie gegeben,
dornig, rosig, holprig, eben,
zwischen Furcht und Hoffnung schweben,
doch wo möglich vorwärts streben,
das ist eben Menschenleben."

(Hans Georg Nägeli,
schweizer Musikpädagoge und Komponist)

nicht einfach

...einfach nur das tun, was richtig ist,
einfach nur das sagen, was man denkt,
einfach nur so leben, wie man fühlt,
einfach nur so lieben, wie man empfindet,
einfach nur das weglassen, was unwichtig ist,
einfach nur das hinzufügen, was nötig ist,
einfach nur so sein, wie man sein will –
einfach nur einfach...

Ja, das wäre so leicht,
wenn dieses „einfach" nicht das Schwerste wäre!

∞

Ein alter Indianer erzählte einmal seinem kleinen Enkelkind:
„In meiner Brust wohnen und kämpfen zwei Wölfe. Der eine ist der Wolf der Dunkelheit, des Neides, der Verzweiflung, der Angst und des Misstrauens. Der andere ist der Wolf der Liebe, der Lust, des Lichts und der Lebensfreude."
Da fragte das Kind: *„Und welcher dieser beiden Wölfe wird gewinnen?"*
Der Alte antwortete: *„Der, den ich füttere!"*

alles wird gut

Mach dir nichts daraus,
geht auch mal im Leben
das ein' oder andre so ziemlich daneben.
Man kann nichts erzwingen,
auch nicht mit Gewalt,
denn ab und zu findet sich nirgends ein Halt.

Das ist ganz normal, war immer schon so,
denn „Leben" heißt immer auch „Risiko".

Und siehst du an manchem Tag
nicht darüber hinaus,
setzt vor Sorgen und Not
keinen Fuß mehr vors Haus,
willst gar nichts mehr sehen,
willst gar nichts mehr hören
und alles ringsum will dich nur noch stören.

Vielleicht will das Dunkel in dir an die Macht,
lässt die Sonne nicht wärmen,
die grad für dich lacht –
so ist eines doch sicher,
liegt's auch auf dir wie Blei:
Es kommt, wie es kommt,
doch es geht auch vorbei.

Legen sich Steine, groß und schwer in den Weg,
erblickst du den Ausweg und findest den Steg.
Wird auch nicht mehr alles, so wie es mal war,
macht ein heller Tag doch so viel offenbar.

Es geht alles vorüber
und nichts bleibt besteh'n,
es kann kommen was will –
es wird alles vergeh'n.
War es gestern noch wolkig,
ist es morgen schon klar,
ist das Leben auch schwer –
ist es doch wunderbar!

Du kannst wieder lachen,
kannst mit Freude besteh'n,
vielleicht brauchst du Hilfe,
um die Sonne zu seh'n,
doch du findest die Hoffnung
und fasst neuen Mut –
wenn du's annimmst – geht's weiter
und alles wird gut!

Wirklich so gewollt?

„Ach Kind, du bist doch unser Ein und Alles! Für dich legen wir uns krumm und arbeiten jeden Tag bis zum Umfallen. Wir gönnen uns nichts, sparen uns jeden Cent vom Mund ab, nur, damit du es später einmal besser hast als wir!"

Wer fühlt sich hier angesprochen? Sie dürfen es ruhig zugeben, denn dieses Gedankengut steckt eben schon seit Urzeiten in uns Menschen. Ganz bestimmt hat es sich längst irgendwo zwischen unseren Genen eingenistet und wir können uns somit auch nicht dagegen wehren. Also, rein vom Prinzip her, ist es ja ein löbliches Verhalten, wenn Mama und Papa das letzte Hemd für den Nachwuchs opfern. Irgendwie auch blöd – aber okay.

Doch Jahre später, wenn ein solchermaßen gefördertes Kind dann erwachsen ist und es tatsächlich besser hat als die Eltern – ja dann dreht sich auf einmal der Wind. Jetzt kann man von Mama und Papa ganz neue Töne vernehmen:

„Also, das müssen wir dir jetzt mal sagen: So schön wie du, möchten wir's auch mal haben!"

Kinder…

(kleiner Rückblick in die Zukunft)

Musst du denn immer die Tür so laut zuknallen? Kannst du denn deine Musikanlage nicht auch etwas leiser stellen? Wann hast du denn dein Zimmer zum letzten Mal aufgeräumt? Hast du dir überhaupt schon die Hände gewaschen, seit du von der Schule gekommen bist? Und wenn ich recht schaue, dann hast du noch nicht mal deine Hausaufgaben gemacht! Ja und eines schreibst du dir hinter dir Ohren: Solange du deine Füße noch unter meinen Tisch…

Später – viel später…

Wenn jetzt eine Tür knallen würde oder die Musik viel zu laut wäre – ich würde nichts sagen. Wenn jetzt jemand mit ungewaschenen Fingern an den Tisch sitzen oder ein Trinkglas umwerfen würde – ich wäre ganz still. Seit die Kinder aus dem Haus sind, fehlt etwas – und vor allem das, was einem vorher zu viel war. Jetzt müssen wir eben darauf hoffen, dass bald die Enkelkinder kommen…

(…kleine Richtigstellung: Die Enkelkinder sind mittlerweile da – Gott sei Dank!)

Geborgenheit

Wenn ich heute einen kleinen Blick zurück in meine Kindheit werfe, dann haben für mich immer noch die kleinsten Dinge die größten Eindrücke hinterlassen.

Als Kind, da hatte ich einen absoluten Lieblingsplatz, an dem ich mich am allerliebsten aufgehalten habe – ein kleines eigenes Reich für mich ganz allein. Ich glaube, als kleines Kind sucht man immer nach einer Möglichkeit der Zuflucht, nach einem Platz, wo man sich verstecken kann, wo man sich vielleicht wie im Mutterleib sicher und geschützt fühlt.

Dieser Platz bestand für mich aus einem großen Karton, in den ich mir mit Mühe eine kleine Öffnung als Tür hineingeschnitten hatte. Mit Kissen und einer Decke ausgestattet, war dieser Karton mein kleines Königreich. Darin war ich wirklich im Glück. Ein Mickymaus-Heft, eine Taschenlampe und vielleicht noch ein paar abgestaubte Kekse – ja, so habe ich es wirklich lange aushalten können.
Mein kleines Versteck, wo es auch richtig dunkel und unheimlich war, hatte wirklich seinen ganz besonderen Reiz für mich, solange wenigstens, wie draußen noch heller Tag war. Aber abends,

wenn es langsam dunkel wurde, da wollte ich nicht mehr in meinem Karton sitzen. Denn, wenn alle von der Arbeit nach Hause kamen und es bald Abendbrot gab, war mein kleines Reich Nebensache. Mit der Familie zusammen zu sein, zu erzählen und zuzuhören, das war jetzt viel wichtiger.

Die Abendzeit und nicht zu vergessen die kurze Zeit vor dem Fernsehapparat war für mich als Kind immer viel zu schnell vorbei. Kaum war aufgegessen, lief bereits das „Sandmännchen" und kurz darauf hieß es schon: *„...ab ins Badezimmer und dann ins Bett!"*

Ins Bett! Kurz nach neunzehn Uhr schon ins Bett gehen und womöglich auch noch einschlafen sollen? Nein, das war für beide Seiten keine leichte Aufgabe! Ich war um diese Zeit nie müde – und wenn ich auch fast kein Auge mehr offen halten konnte, habe ich das nie wirklich zugegeben. Mit immer neuen Verzögerungstaktiken, mit immer noch längeren Gutenachtgeschichten und nach dem dritten Abendgebet bin ich dann doch irgendwann brav in meinem Bett gelegen. Nur die Sache mit dem Einschlafen war noch so ein kleiner Knackpunkt.

Wie oft bin ich als Kind nicht barfüßig zu meinen Eltern getrippelt und habe gebittelt und gebettelt, ob ich nicht doch noch ein wenig aufbleiben dürfte. Zumeist habe ich ihnen mit meiner Ausdauer auch ein Viertelstündchen abgerungen, aber mehr war dann auch beim bestgeplagten Willen der Eltern nicht mehr möglich. Natürlich hab ich's nochmal versucht und nochmal, habe mich nach allen Regeln meiner kleinen Kunst um weitere Zugaben bemüht – solange, bis dann endlich dieser eine erlösende Satz gesprochen wurde: *„Also gut, du darfst ins ‚Gräbele' liegen!"*

Ohh! In der Besucherritze des elterlichen Doppelbettes liegen, dort hinein dürfen – wie glücklich war ich da! So richtig eng hineinschlüpfen, mich allein von der Enge zwischen den beiden Matratzen sicher und geborgen fühlen. Als Kind war dieses Gefühl einfach herrlich – nein, es war das Größte!

Manchmal, wenn es gewittert hatte, ich krank war oder einfach nicht einschlafen konnte, war diese Engstelle die Rettung. Doch das Allerschönste war, ab und zu einmal zwischen Mama und Papa liegen zu dürfen. In diesen herrlichen Minuten hätte ringsum die Welt untergehen können, es wäre mir vollkommen egal gewesen.

Heute ist so eine geniale Sache wie die Besucherritze gar nicht mehr so einfach zu realisieren. In den meisten Betten findet sich keine Kuhle mehr. Wir haben uns heute durchgehende Matratzen oder gar Wasserbetten angeschafft. Oh weh, da hat man es als Kind schwer, sich ein enges Nest zu bauen. Noch nicht einmal mit Gewalt könnte es gelingen, ohne dass dabei nicht sofort ein Springbrunnen hochgehen würde.

Ob unsere heutigen Bettenverkäufer überhaupt noch wissen, worauf es bei einer Liegestätte ankommen sollte? Auf gute Wirbelsäulenentlastung, Liegekomfort, Schweißaufsaugfähigkeit – aber vor allem und ja nicht zu vergessen auf diese so ungemein wertvolle Hineinschlupfmöglichkeit! Ich denke einfach, es wäre doch wirklich so viel sinnvoller, wir wären etwas altmodisch und würden unsere Betten wieder mit Matratzenritze kaufen, als dass unsere Kinder bis spät in die Nacht vor dem Computer oder Laptop sitzen. Ja und selbst, wenn man als Erwachsener einmal in die Mitte rutscht – hoppla, im selben Augenblick ist man seinem Schatz doch so viel näher wie zuvor!

Wirklich, es steckt so viel Gutes zwischen den beiden Matratzen, obwohl dort eigentlich gar nichts ist. So gesehen sind es doch die unscheinbaren Dinge, die das Leben lebenswert machen...

Die drei Söhne

(nach einem Text von Leo Tolstoi)

Es waren einmal drei Frauen, die an einem Brunnen Wasser holten. Ein kleines Stück davon entfernt saß ein alter Mann, der den Frauen zuhörte, wie sie ihre Söhne lobten.

„Mein Sohn", lobte die Erste, *„ist so geschickt, dass er alle anderen hinter sich lässt!"*
„Mein Sohn", sagte die Zweite, *„kann so schön singen, so herrlich wie eine Nachtigall! Es gibt niemanden, der so eine wunderbare Stimme hat!"*

Die dritte Frau schwieg.

„Ja warum lobst du deinen Sohn nicht auch?", fragten die beiden anderen.
„Er hat nichts, das ich besonders loben könnte. Mein Junge ist nur ein einfaches, ganz gewöhnliches Kind! Nichts Außergewöhnliches zeichnet ihn aus."

Die drei Frauen füllten ihre Eimer und machten sich wieder auf den Heimweg. Auch der alte Mann erhob sich und ging langsam hinter ihnen her. Die gefüllten Wassereimer waren schwer und die abgearbeiteten Hände der Frauen schwach.

So legten sie eine Ruhepause ein, denn der Rücken tat ihnen weh.

Da kamen ihnen ihre drei Söhne auf dem Weg entgegen. Der Erste zeigte seine Kunst, stellte sich auf die Hände und schlug ein Rad ums andere.
Da riefen die Frauen: *„Was für ein geschickter Junge!"*
Der Zweite begann zu singen wie eine Nachtigall und die Frauen lauschten andächtig und mit Tränen in den Augen. *„Ach, was er doch für eine herrliche Stimme hat!"*
Der dritte Junge lief zu seiner Mutter, hob die schweren Eimer auf und trug sie nach Hause.

Da fragten die beiden Frauen, deren Söhne ihr Können so stolz vorgeführt hatten, den alten Mann: *„Na, was sagst du zu unseren Söhnen?"*

„Wo sind eure Söhne?", fragte der Alte sehr verwundert, *„ich habe nur einen gesehen!"*

∞

„Fleiß ist aller Tugenden Anfang."

(Friedrich II., der Große, preußischer König)

logisches Denken

Der kleine Simon ging abends auf seinen Vater zu und wollte unbedingt mit ihm spielen. Doch der kam gerade von der Arbeit nach Hause und hatte absolut keine Lust dazu. Der Junge bedrängte ihn natürlich weiter, er konnte ja nicht wissen, dass sein Papa erst mal eine Weile ausspannen musste und seine Ruhe wollte.

Um dem Drängen seines Sohnes zu entgehen, ließ er sich aber etwas einfallen, das den Kleinen eine Weile beschäftigen würde. Auf dem Tisch lag eine Illustrierte, die als Titelbild ganz groß eine Weltkugel abgebildet hatte. Schnell nahm er sich eine Schere zur Hand und zerschnitt diese in viele kleine Einzelteile. Jetzt sollte sein Sohn alles wieder richtig zusammensetzen – dann hätte er bestimmt eine Zeitlang Ruhe.

Simon war von dieser Aufgabe sogar richtig begeistert. Augenblicklich machte er sich ans Werk und begann, die kleinen Schnipsel zu sortieren. Er war wirklich mit Feuereifer dabei und nach nicht mal drei Minuten hatte er das schwierige Puzzle schon perfekt zusammengesetzt.
Als er es ganz stolz seinem Vater zeigen wollte, war dieser total verblüfft: *„Also Simon, du bringst*

mich ja mächtig ins Staunen! Wie hast du das nur in der kurzen Zeit gemacht? Das ist ja super!"

Da antwortete sein Sohn: *„Weißt du Papa, auf der Rückseite dieser Erde war ein Mensch abgebildet. Den habe ich einfach richtig zusammengesetzt, und als dann der Mensch in Ordnung war, dann ist es auch die Welt gewesen!"*

∞

Wir können zusammenfügen, anordnen, vervollständigen, komplettieren, anhängen, festbinden, einfügen, dazulegen, ergänzen, montieren, verknüpfen, verschweißen, zusammenstellen, gruppieren, verbinden, festkleben, bündeln, schnüren... und noch so viel mehr. Wenn alles ordentlich an seinem Platz ist, fühlen wir uns wohl!

Ja, wir lieben die Ordnung, denn Ordnung ist das halbe Leben! Besteht die andere Hälfte dann aus Unordnung, Chaos, Schlamperei oder gar einem Saustall? Womöglich aus Regeln, Beherrschung, Anpassung und Unterordnung?

Die richtige Ordnung auf unseren Wegen zu finden bleibt uns Menschen freigestellt, uns dabei von Gott leiten und begleiten zu lassen auch.

Pfadfinder

Neben den großen Straßen
liegen die kleinen Wege –
oft steinig, beschwerlich
und manchmal auch schwer zu finden.

Es sind nicht die schnellsten Wege,
denn dort wird nicht gerast.
Auf solchen Wegen hat die Beziehung
zwischen Zeit und Entfernung
noch greifbaren Wert,
denn hier wird jede Strecke
mit Sicherheit länger dauern.

Auf den Schnellstraßen schlägt der Puls höher.
Je weiter die Tachonadel nach oben schnellt,
umso mehr Adrenalin schüttet mein Körper aus,
umso mehr bin ich von meiner
eigenen Fahrweise gestresst.

Dagegen bleibt mir auf den schmalen Pfaden
Gelegenheit zum Innehalten,
die Muse für den Blick in die Landschaft.
Hier darf ich in langsamer Bewegung
zur Ruhe kommen
und nehme jeden überwundenen Meter
bewusst mit allen Sinnen wahr.

Manchmal geht es auch nur Schritt um Schritt,
vielleicht muss ich Hindernisse überwinden
und zwischendurch,
was mir dann besonders schwer fällt,
auch nach dem rechten Weg fragen.

Doch ich komme auch so an mein Ziel,
aber das kann ein ganz anderes,
ein ganz neues sein,
als jenes, welches ich zu Beginn
meiner Reise auf dem Plan hatte.

Wer weiß, vielleicht gibt es überhaupt
keinen festen Zielpunkt mehr,
so wie ich mir das eigentlich vorgestellt hatte
und allein der Weg ist das Ziel.

Oder das Ziel ist der Weg,
bei dem ich bei mir selbst ankomme?

Soll ich den Blinker setzen und die Aufforderung
meines Navigationsgerätes einfach ignorieren?

„...nach Möglichkeit bitte wenden..."

neue Armut

Ein reiches Land,
in dem so viele Menschen ein Auto besitzen.
Ein reiches Land,
in dem sich so viele in endlosen Blechschlangen
wiederfinden, um nicht zur Arbeit zu kommen.
Ein reiches Land,
in dem so viele Menschen gleichzeitig
in den Urlaub fahren können.
Ein reiches Land,
in dem auf drei Fahrspuren
alle auf Fortkommen hoffen.

Stau, Stillstand, Stagnation.

Ein Zeichen für Überfluss und Übermaß.
Ein Zeichen für die Verschwendung
von Zeit und Ressourcen.
Ein Zeichen für die Grenzen des Wachstums
und die Endlichkeit unserer Möglichkeiten.
Ein Zeichen für den Verlust der Freiheit
inmitten des Reichtums.

Armes reiches Land. Auf unseren Straßen.
Auch in unseren Herzen?

Der Mensch denkt – wer lenkt?

Wird es kommen, das moderne selbstfahrende Auto? Das Selbstparkende und Selbstbremsende ist ja schon Realität. Und die ersten Selbstfahrenden sind ja bereits versuchsweise auf ausgesuchten Strecken unterwegs, jedoch immer mit einem Fahrer, der im Notfall noch eingreifen könnte. Aber irgendwann wird auch der Mensch am Lenkrad überflüssig und wir dürfen uns voll und ganz auf die Technik verlassen. Aber wer lenkt dann tatsächlich?

Sind es in Zukunft nur noch hoch intelligente Schaltkreise, denen wir unser Leben anvertrauen? Jedoch stellt sich mir die Frage, ob wir das nicht längst schon in vielen Bereichen tun und wie abhängig wir längst sind? „Big Data" ist Teil unseres Lebens geworden! Die Datenmengen fließen in immer größeren Volumen im weltweiten Netz. Unser Vertrauen in diese Entwicklung scheint dabei nach wie vor grenzenlos zu sein. Wir geben unser Innerstes preis, staunen kurz, wenn irgendwo wieder ein Datendiebstahl bekannt wird und jagen weiter auf der digitalen Autobahn.

Ach ja, Autobahn – gerade noch die Kurve gekriegt! Ich wollte mir ja Gedanken über die Fahr-

zeuglenker der Zukunft machen. Gut, der menschliche Geist ist ja zu Unglaublichem fähig, aber wie die Geschichte lehrt, ist er dies auch immer nach allen Seiten. Bei dem Gedanken, dass jedes digitale Netzwerk, von dem wir heute schon existenziell abhängig sind, seine Angriffspunkte hat, ist mir eigentlich schon etwas mulmig zumute. Habe ich wirklich so viel Gottvertrauen, um allen Entwicklern zu trauen?
Die Zukunft wird es uns lehren und mein Gottvertrauen wird noch stärker werden müssen! Von daher gar keine schlechten Aussichten!

∞

Von klein auf bringt man uns bei, wie man mit Technik umzugehen hat, dass wir unsere Gefühle zügeln und uns auf uns selbst verlassen sollen. Wir lernen, dass wir unsere Probleme rational lösen müssen und uns selbst der Nächste sind.

Niemand bringt uns bei, dass der sicherste Weg, unsere Ängste loszuwerden, das Durchleben der Ängste ist. Dass der beste Weg weiterzukommen, das Aufbrechen ist. Dass wir Tränen am leichtesten trocknen, indem wir sie wegküssen und dass unsere Antworten damit beginnen, indem wir Fragen stellen...

Morgen

Wenn die Zukunft nicht mehr weit ist,
spürbar, greifbar, nah und hell,
werd' ich auch für sie bereit sein,
standhaft, unbeugsam und stark sein,
oder kommt sie mir zu schnell?

Zukunft eilt aus weiter Ferne
überraschend vor die Tür,
schreibt verblüffend unerwartet,
doch schon immer abgekartet,
neue Seiten ins Brevier.

Steht die Zukunft in den Sternen,
undeutbar und ungewiss,
will ich dennoch mit Entzücken
in die klaren Nächte blicken,
frei von jedem Hindernis.

Wenn die Zukunft nicht mehr weit ist,
öffne ich ihr Tür und Tor,
will mich nicht vor ihr verschließen,
jeden neuen Tag begrüßen,
komm ihr hoffnungsvoll zuvor...

ehrliche Antwort

Wenn man sich einmal aussuchen dürfte, wer man sein könnte – ja warum sollte man sich für sich selbst entscheiden? Zugegeben, eine durchaus provokante Frage und man muss sich sofort mit einer weiteren auseinandersetzen: Wer bin ich – oder was bin ich? Nach diesen einfachen, aber doch so grundverschiedenen Kriterien werden wir alle beurteilt. Dabei spielt schon lange die Frage nach dem „Was" die größere Rolle. Was habe ich gelernt, was habe ich studiert, was habe ich für einen Posten, was für eine Stellung, was habe ich an Besitztümern angehäuft?

Der äußere Schein zählt und wir richten unser ganzes Handeln danach aus, uns zu profilieren und diesem Schein auch gerecht zu werden. Wir verbiegen und verstellen, ja wir verleugnen uns oft selbst, um ja nicht schwach zu wirken. Schwäche wird sofort mit Missbilligung, Nichtwürdigung oder Nichtbeachtung bestraft. Und so verweigern wir erfolgreich den Blick in unser Innerstes und fürchten uns davor, dass jemand sehen könnte, wie wir wirklich sind.

Dabei ist die Frage nach dem „Wer" doch im Grunde viel entscheidender. Ich kann eine tolle Position innehaben, viele Reichtümer besitzen und dennoch gleichzeitig ein richtiger Kotzbrocken sein. Für die meisten Mitmenschen ist doch viel entscheidender, ob ich umgänglich, liebevoll, freundlich oder aufmerksam bin. Alles andere ist erst einmal zweitrangig und erhält erst in Verbindung mit mir als Mensch den richtigen Stellenwert. Das „Was" und das „Wer" in uns sind selten deckungsgleich und diese Differenz sorgt pausenlos für Reibung, kostet Kraft und Lebenszeit.

Ich habe die Wahl und könnte mich, auch ungefragt, für mich entscheiden. Ich muss nicht allen anderen etwas vormachen und vorspielen. Wenn ich dabei den Blick auf meine schwachen Seiten zulasse, werde ich dadurch viel menschlicher und kann manchem, der mich bisher noch nicht so gesehen hatte, viel näher kommen. Indem ich meine Schutzmauern einreiße, wird mir mit Gottes Hilfe eine ganz neue ungewohnte Freiheit zuteil.

∞

„Es gibt keine besseren Mauern oder Festungen,
als seine Nachbarn zum Freund zu haben."

(Ernst von Sachsen, 1464 – 1513, Erzbischof von Magdeburg)

Hilfe, mein Nachbar wohnt neben mir!

Die Haustür mit dicken Querriegeln gesichert. Aufbohrschutz an allen Schlössern, einbruchsichere Scheiben, Alarmanlage, Überwachungskameras und Flutlicht mit Bewegungsmelder! So, jetzt kann er kommen! Ich bin gerüstet!

Und wenn es einer doch bis an die Tür schafft, mein Nachbar vielleicht? Ha, den wimmle ich gleich an der Sprechanlage ab. Ich gebe nichts, ich verleihe nichts und ich spende nichts! Wer dann immer noch hartnäckig ist, dem sag' ich's ins Gesicht, dass bei mir nichts zu holen ist! Basta!

Um die Not in der Welt sollen sich andere kümmern, die Kirche, die Caritas, die UNO und wie sie alle heißen! Zu was zahl' ich denn meine Steuern!

Was meinen Sie? Eines Tages könnte auch Jesus vor der Tür stehen? So? Und Sie meinen, er würde mir etwas schenken wollen? Einfach so, umsonst, nur weil ich es bin und er mich lieb hätte?

Nö, also das wär mir jetzt gar nicht recht! Dieser Jesus würde mir ja mein Feindbild zerstören!

Heute hab' ich endlich mal Zeit

Ja wunderbar! Heute steht wirklich gar nichts in meinem Terminkalender, ich hab' sozusagen endlich mal wieder einen freien Tag. Okay, eigentlich könnte ich an so einem Tag auch mal ausschlafen – ja, eigentlich schon, nur wenn ich spätestens um sieben noch nicht aus den Federn bin, dann werde ich ganz unruhig. Nein, ich halte es nicht länger aus und muss aufstehen!

Zu allererst gehe ich aber nicht ins Badezimmer, weit gefehlt. Ich zeige schon mal der Nachbarschaft, dass ich wach bin und ziehe alle Rollläden und Jalousien hoch, nicht, dass einer auf die Idee kommt, ich würde um halb acht noch im Bett liegen. (Es soll ja unter uns wirklich Schlawiner geben, die stellen sich den Wecker auf sechs Uhr, ziehen alles hoch – und legen sich dann wieder auf die faule Haut...). Doch ich stehe auf, trinke schnell Kaffee, lese nebenher kurz in der Zeitung – aber dann lege ich los!

Ja, jetzt geht's ran an die Arbeit! Zuerst mit dem Auto in die Waschanlage und dann zuhause noch den Innenraum auswischen. Wie ich gerade dabei bin, stellt mir meine liebe Frau den Mülleimer zum Auswaschen hin. In bald vierzig Ehejahren habe ich etwas Entscheidendes gelernt: Wo bei uns zuhause der Schmutz hineinkommt, da muss sauber sein!

Meine kleine Bastlerwerkstatt sollte mal wieder aufgeräumt werden und hinterher fege ich auch gleich noch die Garage aus. Lauter wichtige Arbeiten, die nur gemacht werden, wenn man Zeit hat. So, jetzt reicht es mir vor dem Mittagessen noch zum Recyclinghof, auch Getränke sollten schon lange eingekauft werden. Wird alles erledigt, wozu hat man denn sonst freie Zeit! Sogar einen Kurzbesuch beim Friseur bringe ich vor dem Mittagessen noch unter.

Puh! Frisch gestutzt sitze ich dann am Mittagstisch. Ja, meine Frau weiß Bescheid und kocht an solchen Tagen immer ein schnelles Gericht. Nicht, dass man wertvolle Zeit beim Essen vergeudet!

Und so geht's auch gleich weiter – ohne Mittagspause sofort wieder los. Der Rasen gehört gemäht und das Gartentor muss aufgefrischt werden, also abschmirgeln und frisch streichen. Dabei fällt mir ein, dass ich mir dringend eine neue Hose kaufen sollte. Also schnell die Farbflecken von den Fingern gewischt, umgezogen und in die Stadt gerast. Als Mann alleine ein passendes Kleidungs-

stück zu kaufen, ist manchmal schon eine Herausforderung, doch heute habe ich Glück. Auf Anhieb passt mir die siebzehnte Hose! Wunderbar, jetzt schnell wieder nach Hause, umgezogen und den Autoanhänger beladen, denn jetzt reicht es noch gut, um die Obstbäume zu spritzen!
Um dreiviertel neun komme ich endlich wieder heim. Verschwitzt, müde, abgeschafft und elend!

Ja, heute habe ich einmal Zeit gehabt – aber ich hab' mir's nicht anmerken lassen...

∞

„...so lasst uns jetzt mit Fleiß betrachten,
was durch die schwache Kraft entspringt,
den schlechten Mann muss man verachten,
der nie bedacht, was er vollbringt.

Das ist's ja, was den Menschen zieret
und dazu ward ihm der Verstand,
dass er im innern Herzen spüret,
was er erschafft mit seiner Hand...“

(Auszug aus „die Glocke“
von Friedrich von Schiller, dt. Dramatiker u. Lyriker)

Visionen

Wenn ich gestern schon gewusst hätte,
was morgen ist,
dann wäre ich heute schon schlauer
und mir selbst voraus.

Wenn ich vorgestern schon gewusst hätte,
was gestern gewesen war,
dann wäre ich morgen schon so schlau wie heute.

Und wenn ich somit dann heute schon
so gescheit bin wie morgen,
dann wäre mein Wissensstand uneinholbar
und ich der Zeit voraus.
Visionen wären für mich Wirklichkeit und meine
kühnsten Vorhaben würden gelingen.

Aber irgendwie habe ich mich
dann in meinem selbstgesponnenen Faden
verheddert und bin froh,
dass ich mit dem heutigen Tag noch
einigermaßen zurechtkomme
und nicht über die eigenen Füße falle.

Ja, wer Gott zum Lachen bringen möchte,
muss ihm nur von seinen Plänen erzählen...

begrenzender Faktor

Wenn ich nur einmal *„Nein"* gesagt hätte, nur ein einziges Mal – ich hätte Zeit gehabt.
Aber so habe ich meine Zeit verbraucht für alles und für jeden, nur nicht für mich! Wie viel meiner Zeit ging ständig verloren – für Unwichtiges, Unnützes, Unsägliches, nur, weil ich mir sicher war, dass es ohne mich nicht gehen würde. Dass es mindestens genauso gut weiterging als ich krank war oder Urlaub hatte, ist mir nie richtig aufgefallen oder ich wollte es gar nicht so genau wissen.

Nun ist mir die Zeit zerronnen und nicht wiederzubringen. So viel habe ich gearbeitet und geleistet, da wäre es doch nur gerecht, wenn dies bei der Zeitvergabe berücksichtigt werden würde. Im Betrieb gab es doch auch ein Zeitkonto! Ach, wenn ich nur etwas Zeit stehlen könnte, ich würde es tun. Sollte mir dies sogar gelingen – ich könnte leider auch mit noch so viel neuer Zeit das Vergangene nicht mehr ändern. Nein, der Zug ist abgefahren und kommt nicht wieder!

Wer weiß, wie viel Zeit mir noch bleibt, es liegt nicht in meiner Hand. Doch ab morgen auch einmal *„Nein!"* zu sagen schon...

ewiger Kreislauf

Der Wind und die Sonne,
sie trocknen den Tau,
der Dunst steigt auf in die Sphären,
vermischt sich mit dunklem himmlischem Blau,
die Tröpfchen, meint man, sie wären
vergangen, getrunken vom hohen Gezelt,
doch unsichtbar zueinander gesellt
als schwebende Moleküle,
versammeln sie sich hoch über der Welt –
gefangen in frostiger Kühle.

Fast aus dem Nichts, so bricht es heraus,
aus Wolkenbergen, da quillt es hinaus,
gewaltig und herrlich zu sehen.
Ergreifendes himmlisches Schauspielhaus,
dein Stück spielt vom Kommen und Gehen.

Gefährlich und dunkel, so dicht gepackt,
bis grelles Blitzen die Berge durchzackt
und die Wege zur Erde erschließt,
dass der volle Inhalt des schweren Gebirg's
sich bald über alles ergießt.

Tropfen um Tropfen sammelt sich nun
in Rinnsalen, Bächen und Flüssen,
und alle sind einig, die Richtung ist klar,

sie wollen, sie dürfen, sie müssen
sich finden im Strom und mit ihm hinaus
in niemals sich endender Reise,
um bald aufzusteigen mit Sonne und Wind,
um Tau zu werden oder Regen geschwind –
so schließen sich wieder die Kreise.

Wir alle sind Tropfen im Strom der Zeit –
getrieben und doch mittendrin.
Im Fließen, im Wandel
sind wir stets bereit,
wohin wir auch gehen,
wohin es uns treibt,
ist es doch die Hoffnung,
die uns allen bleibt

auf das ewige Meer...

∞

„Ein einziger dankbarer Gedanke gen Himmel
ist das vollkommenste Gebet."

(Gotthold Ephraim Lessing, dt. Dichter)

tatenlos

„Oh Herr, da bin ich nun! Schau nur auf mein Leben, wie gehorsam und treu ich immer gewesen bin! Alle deine Gebote habe ich beachtet, habe nie etwas Unrechtes getan, nichts Böses, nichts Frevelhaftes. Mein Lebenswandel war immer tadellos und niemand wird je etwas Schlechtes über mich sagen können. Ja, ich war immer anständig, gehorsam und brav! Sieh Herr, meine Hände sind rein!"

„Ohne Zweifel sind sie das. Deine Hände sind blitzblank! Du hast auch nie etwas unternommen, was sie vielleicht schmutzig gemacht hätte. Du hast dein Handeln immer vorher gut bedacht und nichts getan, was dich gefährdet hätte. Alles, was dich vielleicht in Schwierigkeiten gebracht hätte, hast du geschickt vermieden. Aber nun, du gehorsamer, braver und so tadelloser Mensch, jetzt sieh genau hin auf deine reinen Hände – sie sind leer..."

∞

„Was aber vor den Menschen wie leere Hände aussieht, ist vor Gott die Schale, mit der wir Ihn empfangen."

(Bruder Paulus Terwitte, Kapuziner)

vielleicht...

...reicht nur ein leichter Augenaufschlag,
ein froher Blick, ein nettes Lächeln

...genügt ein einziges Wort, eine belanglose
Floskel, ein oberflächliches Gespräch

...bedarf es nur einer Winzigkeit in der Art, wie ich
mich meinem Nächsten gegenüber verhalte

...reicht ein Antippen, eine sanfte Berührung

...genügt allein die Geste, die bloße Absicht,
ein wenig Verständnis, ein wenig Beachtung

...reicht es schon aus, wenn ich mich nicht abwende

...vielleicht genügt genau heute diese kleine,
sanfte, kaum merkbare Zuwendung und sie wird
zum Tropfen, der wunderbare Kreise zieht...

∞

„Das Fenster öffnen und eine Biene
aus dem Zimmer lassen.
Ist das vielleicht nicht auch ein Glück?"

(aus China)

erstaunliche Gnade

Eine freie Übersetzung nach dem bekannten Gedicht „amazing grace" von John Newton. Die schicksalhaften Wirrungen des Londoners (1725-1807) vom Seefahrer zum Kapitän eines Sklavenschiffes, bis hin zum anglikanischen Priester waren damals und wären sicher auch heute unglaublich und erstaunlich. Bis heute hat „amazing grace" auch als Lied nichts von seiner Kraft verloren.

*

Fast nicht zu verstehen, dass ich so wundersam und allein durch die unglaubliche Gnade aus dem Schlamassel gezogen wurde. So, dass ich nicht mehr wusste, wie mir geschah und ich plötzlich wieder festen Boden unter mir hatte – sicher, tragfähig und stark. Und das in einer Zeit, in der ich keinen Ausweg mehr sah.

Welch unfassbare Gunst, als um mich herum auf einmal wieder alles so klar und hell wie die Sonne geworden ist. So viel geschenkte Güte, dass ich es beinahe nicht begreifen konnte und mir vor Freude fast das Herz stehen geblieben wäre. Nun musste ich keine Ängste mehr ausstehen und alles, was mich niederdrückte, ist überwunden.

Wie kostbar und unbezahlbar war die Stunde, in der ich erfahren habe, auf was es im Leben ankommt. Durch wie viele Untiefen und Stürme musste ich hindurch, über wie viel dunkle Meere musste ich erst fahren, bis ich endlich diese herrliche Milde, die wundersame Nachsicht entdeckt habe. Diese erstaunliche Gnade, die mir nun den Weg zeigt durch alle Gefahren und mich sicher und wohlbehütet heimbringen wird.

So viel Gutes hat er mir versprochen und sein Wort ist mir Zuversicht und Hoffnung – im schlimmsten Unwetter und im größten Schmerz. Er ist mir Zuflucht, Schutz und Halt und Teil von mir, solange ich lebe.

Und wenn ich eines schönen Tages einmal von dieser Welt gehen muss, dann ist dieser Tag für mich ein schöner Tag! Wenn ein Leben voller Glück und Freude endet, ja, wenn irgendwann einmal alles vergeht und nichts mehr übrigbleibt, dann ist mir eines doch ganz gewiss:

amazing grace – auf ewig und für immer!

Selbstfindung

Wer bin ich?
Also wer bin ich wirklich?
Wer bin ich tief in mir drin?

Bin ich mir sicher, dass ich diese Frage
zweifelsfrei beantworten könnte?
Ist mir all das, was in mir schlummert,
tatsächlich bewusst oder meine ich nur,
ich würde mich kennen?
Welchen Eindruck hinterlasse ich bei mir selbst?

Vielleicht kennen mich andere sogar viel besser,
haben sich eine feste Meinung gebildet,
welche so ganz von meiner eigenen abweicht.

Wenn sie dann auch ehrlich wären und
es mir ins Gesicht sagen würden,
dann wüsste ich wenigstens, woran ich bin.
Doch das geschieht leider viel zu selten.
Vielleicht wagt es auch nur ein
wirklich guter Freund,
mir einmal reinen Wein einzuschenken.

Muss ich erst zum Psychiater gehen und
mein Seelenleben durchleuchten lassen,
weil es mir aus eigener Kraft nicht gelingt,

in mich hineinzublicken?
Kann überhaupt jemand
so tief in mich dringen
und in den hintersten Winkel
meiner Seele schauen?

Das ist die Frage, um die es geht –
hinter den Verputz, hinter den Anstrich zu sehen.
Aber dann sofort die nächste Frage,
ob ich das überhaupt will,
dass jemand meine Fassade durchschaut?

Denn, ganz ehrlich,
was da alles zum Vorschein kommen könnte,
das muss doch niemand wissen – oder?

∞

„Titel, Name, Geld, Befrackung
sind zum Zeichen der Verpackung.
Schale gilt nicht, sondern Perle,
wichtig ist allein der Kerle!"

(August Lämmle,
schwäb. Volkskundler und Heimatdichter)

Arm?

Ein reicher Mann wollte eines Tages seinem Sohn zeigen, wie Leute leben, die nicht reich, sondern arm sind. Ihm war wichtig, dass sein kleiner Junge diese Unterschiede auch erkennen kann.

So verbrachten die beiden einen Tag und eine Nacht auf einem kleinen baufälligen Bauernhof bei einer sehr armen Familie. Als sie wieder zuhause waren, fragte der Vater seinen Sohn: „Nun, wie hat dir denn unser Ausflug gefallen?"

„Toll Papa! Ich habe so viel gesehen!"

„So? Dann hast du auch gesehen, wie arm Menschen sein können!"

„Oh ja Vater, das habe ich wirklich!"

„Was hast du also gelernt mein Sohn?"

Und aus dem Knaben sprudelte es nur so heraus: *„Also, ich habe gesehen, dass wir einen Hund haben, die Familie auf dem Bauernhof aber vier und noch jede Menge Katzen dazu! Wir haben einen kleinen Swimmingpool, den wir immer sauber halten müssen und die Leute dort haben einen gro-*

ßen See, in dem sogar Fische schwimmen! Wir haben schwere Leuchter auf der Terrasse und die Familie hat Sterne. Unser Grundstück reicht bis zur Nachbarhecke und ich darf nie Fußball darauf spielen. Die armen Leute aber, die haben eine Wiese, die bis zum Horizont reicht!"

Der Vater war sprachlos und auch etwas beschämt...

Da fügte der Sohn noch dazu: *„Vielen Dank Papa, dass du mir gezeigt hast, was Armut ist!"*

∞

An jedem einzelnen Tag von all der Vielfalt
so viel nach Hause tragen, wie möglich.

Jeden Duft, jeden Ton, jede Farbnuance,
jeden kühlen Hauch und jeden wärmenden Strahl.

Alles ergreifen, alles festhalten und
alles in den Erinnerungen aufsaugen,

und jeden Abend danken und
reich beschenkt einschlafen dürfen...

bedingungslos

Na, das wär' doch was! Ab sofort erhalte ich jeden Monat ein bedingungsloses Grundeinkommen. Einfach so, ohne einen Finger zu rühren und auf alles, was ich sonst verdiene, noch oben drauf. Vielleicht 1000 Euro, wie es ja in manchen Ländern schon ernsthaft in Erwägung gezogen wird.

Wenn ich darüber nachdenke – okay, ich würde es annehmen. Mit meiner Frau zusammen wären es schon 2000 Euro. Nicht schlecht Herr Specht! Bedingungslos, das heißt, dass ich keinerlei Gegenleistung dafür erbringen müsste. Ja geht das denn überhaupt und wer soll das bezahlen?

Gut, irgendwo muss das Geld ja herkommen, sicherlich werden dann die Steuern erhöht oder es wird eine ganz neue erfunden. Vielleicht eine widerspruchslose Zwangsabgabe, dass ich hinterher froh wäre, wenn ich diese mit den 1000 Euro dann wieder ausgleichen könnte. Irgendwann habe ich einmal gelernt, dass man sein Geld nur einmal ausgeben kann und wenn es weg ist, ist es weg! Vermutlich habe ich aber in der Schule nicht richtig aufgepasst, denn bei gut 80 Millionen Bundesbürgern, die dann alle dieses Geld bekämen, ergäbe das nach Adam Riese so etwas um die 80

Milliarden Euro – und das jeden Monat! Oh je! In mir beginnen schon „€"-Zeichen zu rotieren!

Bedingungslos – über dieses Wort lohnt sich vielleicht doch tiefer nachzudenken. Dass mir unser Staat, also die Regierung etwas bedingungslos schenken will, nun ja, da lasse ich mich einfach mal überraschen. Versprochen wurde ja schon viel.

Von anderer Stelle bekommen wir aber jeden Tag so unendlich viel geschenkt, vollkommen bedingungslos und ohne Gegenleistung. Dieses Geschenk ist aber so selbstverständlich und normal, dass wir es schon lange nicht mehr wahrnehmen oder würdigen.

Das Leben wurde uns geschenkt, so einmalig, so einzigartig für jeden von uns. Unter Milliarden von Menschen ist jeder ein eigenes unverwechselbares Individuum, einfach so. Und jeder darf die Liebe Gottes spüren – immer, überall und bedingungslos! Egal, wie viele Milliarden wir sind!

Kein beschränktes Grundeinkommen, sondern unerschöpfliche Grundausstattung.

Illusion

Heute habe ich geträumt, alles um mich herum wäre verschwommen und unwichtig. Ich wäre ein Vogel und würde mit einer ganzen Vogelschar fröhliche Lieder pfeifen. Ich wäre Teil der Vogelstimmen und flöge mit ihnen davon. Wie leicht und unbekümmert bin ich doch im Traum. Von oben kann ich auf alles herabsehen, kann alles einfach loslassen, unter mir lassen und mich um nichts mehr kümmern. Meine Sorgen, Ängste und Zweifel wären wie im Fluge vergangen und aufgelöst. Ich fühlte mich grenzenlos frei, ohne jede Verantwortung und ohne jede Verpflichtung. Was für ein seltsames und doch wunderbares Gefühl.

Aber dann bin ich aufgewacht und mir wurde langsam bewusst, dass ich all das Schöne gerade nur geträumt hatte. Eine schnöde Illusion, ein, zwischen meinen Synapsen erzeugtes Blendwerk, dem ich da verfallen war. Doch nun war wieder alles normal, beschränkt und begrenzt. Ich war wieder an meinem gewohnten Platz und doch ein wenig betroffen. Wie schnell man doch bereit wäre, für so einen leichten, schwebenden und abgehobenen Zustand alles andere einfach aufzugeben. Kann es denn möglich sein, dass man für seine Wunschträume so vieles in Kauf nimmt?

Sicherlich hat jeder von uns Wünsche, kleine oder große, doch immer sind wir uns auch bewusst darüber, dass Wünsche eben nur Traumgebilde sein können, meist unerfüllbar und dann auch noch unerschwinglich dazu. Trotzdem sind wir ständig auf der Suche nach müheloser Erfüllung.

Wie schnell sind wir oft bereit, falschen Versprechungen zu vertrauen. Wie leicht dabei selbst lebenserfahrene Menschen zu beeinflussen sind, wird uns tagtäglich zumeist aus den Medien aufs Neue berichtet. Manchmal staunen wir darüber, aber wie oft urteilen wir sehr schnell und bemerken nicht, wie arglos auch wir uns immer wieder verführen und manipulieren lassen.
Häufig und ohne Nachzudenken machen wir uns Parolen zu eigen, wie schnell helfen wir fahrlässig bei der Verbreitung eines Gerüchts. Solange alles zu unserer zurechtgezimmerten Wunschvorstellung passt, so lange kann es doch nicht falsch sein! Dass so eine Wunschvorstellung einfach auch nur Blendwerk sein könnte, kommt uns manchmal leider erst viel zu spät in den Sinn.

Nur macht uns auch ein verspäteter Sinneswandel nicht mehr frei von Verantwortung...

unerfüllbarer Wunsch

(ganz persönlich – in Gedenken an meinen früh verstorbenen Vater)

Ach Papa jetzt sag' mir,
es tut noch so weh,
warum musstest du denn
so früh auch schon geh'n?
Bist schon so bald in den Himmel hinauf
und gabst hier auf Erden so schnell alles auf.

Was machst du für Sachen?
Ach sag mir doch bloß
und lasse dort oben doch gleich wieder los!
Komm einfach zu mir, für ein Weilchen vielleicht,
wie wäre ich froh, mein Glück unerreicht.

Würd' ich dein Lachen bald wieder mal hören
und dein Gesicht freundlich bald vor mir seh'n,
nicht eine Sekunde lang würdest du stören –
oh Papa, ganz ehrlich, das wär wunderschön.

Und würdest du schimpfen,
auch das wär mir gleich,
wärst du nur bei mir –
ach, wie wär' ich reich!

Hohes Lied der Liebe

(frei interpretiert nach Korinther 13.13)

Wenn ich viele Fremdsprachen sprechen würde, mich in vielen Ländern der Erde souverän bewegen könnte, wortgewandt und überlegen wäre – doch meine Worte wären nur auswendig gelernt und jeder Silbe würde die Herzlichkeit und Wärme fehlen – dann würden sie hohl und stumpf bleiben und niemand würde sich gern mit mir unterhalten oder sich an ein gutes Gespräch erinnern...

Wenn ich wirklich alles besser wüsste, fundiert und nicht widerlegbar, wäre ich hoch intelligent und könnte mein Wissen über alle und jeden stülpen, mich aufdrängen und mit meiner Besserwisserei sogar maßregeln – doch hinter all meinem Wissen stünde nur kühle Berechnung und ein Herz aus Stein – wem würde dann nicht mein genialer Geist auf die Nerven gehen und abstoßen...?

Wenn ich tiefgläubig wäre, jeden Tag in meiner Bibel lesen und jeden Sonntag auf meinem angestammten Platz in der Kirche sitzen würde – doch schon im ersten Augenblick, wenn etwas meine Weltanschauung stört, ich mich gegen alle Gebote wenden würde und nur noch selbstgerecht und egoistisch wäre – dann wäre all mein Beten und mein Glaube nur eine blendende Fassade...

Wenn ich regelmäßig spenden und immer brav meinen Obolus in die Sammelbüchsen werfen würde, wenn ich schon eine Menge an guten Taten geleistet hätte und ich vielleicht sogar noch in meinem Testament all mein Hab und Gut für gute Zwecke hinterlassen würde – jedoch im Geheimen wie ein Buchhalter meine guten Werke auf der Habenseite addieren würde – dann wäre jede meiner Münzen wertlos und wöge weniger als eine Feder...

Doch würden in mir nicht die Herzlichkeit und Wärme, das Interesse und die Empathie, die Brüderlichkeit und die Anteilnahme leben und wirken – würden mir all diese unfassbaren, aber umso sichtbareren Zeichen der wunderbaren Kraft der Liebe fehlen – dann wäre ich nur eine aufgeblähte Hülle mit aufgesetzter Maske.

Würde mein Leben ohne diese segensreiche Kraft der Liebe, ohne dieses unfassbare, unbezahlbar große Geschenk verlaufen – ich bliebe leicht und leer und jeder Windstoß würde mich ergreifen...

trotzdem

Herr, wenn du mich kennst,
wenn du in meine Seele blicken kannst
und siehst, was ich alles in mir trage
an Gutem wie an Bösem –
wenn du all das siehst
und ich trotzdem bei dir sein darf –
Herr, was sollte ich anderes tun, als dir zu danken.

Herr, wenn du deinen Kindern zusiehst,
wie sie mit deiner Schöpfung umgehen,
sich so verhalten,
als ob es kein Morgen mehr gäbe.
Herr, wenn du all dies siehst
und uns trotzdem
als deine Geschöpfe betrachtest,
wie groß sollte unser Dank sein.

Herr, wenn du unseren Dank hören kannst,
dann gib uns auch den Verstand,
um mit uns, mit unseren Mitmenschen
und mit unserer Erde so umzugehen,
dass noch ungezählte Generationen nach uns
dir danken können.

Herr, dir sei Dank für deine Hilfe.

Top oder flopp?

In meinem Beruf als Gärtnermeister konnte ich über viele Jahre unmittelbaren Einblick in das „Werden" und „Vergehen" nehmen. Zwangsläufig war ich mittendrin in der Aufzucht, im Wachstum, Gedeihen und auch im Absterben meiner pflanzlichen Schützlinge. Mit meinem fachlichen Wissen habe ich versucht, die Erfolge grünen und blühen zu lassen. Gleichzeitig wurde mir in dieser Zeit allerdings klar vor Augen geführt, dass alles Bemühen und alle Anstrengungen manchmal auch nicht zum gewünschten Ziel führen.
Ich hatte den teuersten Samen gekauft, darunter welchen, dessen Gewicht wirklich mit Gold aufgewogen werden konnte. Ich hatte ihn in die beste Aussaaterde gelegt, die genau auf die Bedürfnisse dieses Samens abgestimmt war. Ich sorgte für die richtige Temperatur, das optimale Klima, um die perfekten Keimbedingungen zu schaffen.
Doch trotz all dieser Vorbereitungen musste ich immer abwarten, vertrauen und hoffen, dass mein Wunsch in Erfüllung geht und sich in der Aussaatschale neues Leben zeigt. Gleichzeitig habe ich immer wieder die Erfahrung gemacht, dass nicht alles so verlief, wie ich es nach all meinem fachlichen Wissen, nach allem Aufwand, Können und Bemühen doch eigentlich erwarten konnte. Über

Nacht hatte sich Pilzbefall über die Sämlinge gelegt oder unentdeckte Schädlinge haben die Saat vernichtet. Wie enttäuscht und verärgert über diesen Misserfolg, ja wie unzufrieden über mich selbst bin ich nicht immer wieder gewesen. Doch im Laufe der Zeit habe ich auch andere Schlussfolgerungen aus solchen „Niederlagen" gezogen. Es liegt eben nicht alles in meiner Hand, eigentlich liegt dort gar nichts! Immer ist ein anderer mit mir, der meine Hände führt und dem ich alles in seine Hände legen darf. Ihm allein ist die Kraft gegeben, neues Leben entstehen zu lassen – oder auch zu verwerfen.

Mit diesem Wissen schwächt sich meine Enttäuschung schnell wieder ab und ich kann mit Freude noch am selben Tag mit einer neuen Aussaat beginnen. Ich darf wieder vertrauen und hoffen, dass wir beide – er und ich – es recht machen werden! Und so wie es dann wird, so wird es gut!

∞

Zuversicht lässt sich ohne weiteres mit einem Samenkorn vergleichen. Dieses kleine Ding weiß nicht, wie es in der Welt zugeht und was es dort erwarten wird – und trotzdem nutzt es ohne Bedenken jede Gelegenheit...

Herbst

Blätterleuchten
Früchtelachen
Wälderglühen
Erntereifen
Glückverschwenden

*

Millionenfach liegen deine Gaben vor mir,

schon frühmorgens,
wenn jeder Grashalm schwere Perlen trägt,

wenn am Abend die tiefe Sonne
alles in den frühen Schatten legt,

wenn die Erde erwartungsvoll und still
vor dem nahenden Winter
noch einmal tief Luft holen will,

wenn man mit geschlossenen Augen sehen kann,
wie sich in deiner Fülle
göttliche Vollkommenheit spiegelt.

leicht zu übersehen

In meiner Hand halte ich ein Blatt, ein ganz normales, ganz gewöhnliches Blatt. So, wie sie im Herbst überall von den Bäumen fallen, wie wir sie sackweise zusammenfegen, auf den Kompost tragen, zum Sammelplatz bringen oder in der Biotonne entsorgen. Eigentlich gar nichts Besonderes so ein Blatt – doch heute will ich es einmal genauer betrachten.

Kein Blatt gleicht dem anderen, doch alle haben sie sehr vieles gemeinsam. Sie wachsen aus einer festen starken Basis. Der Stiel hat das Blatt das ganze Jahr über fest am Zweig gehalten, auch bei Wind und Sturm. Aus ihm heraus wächst es, erst grob, dann fein und verästelt sich weiter, als wäre es selbst die Miniatur des Baumes. Zwischen diesen Blattadern liegen verschiedene Flächen wie kleine Fenster. Ein jedes dieser Areale hat eine andere Form, doch in ihrer Gemeinschaft bilden sie alle zusammen die Blattfläche.

In den großen und kleinen Adern floss das ganze Jahr der Lebenssaft – aufgenommen über die Wurzeln und durch inneren Zug und Druck bis an die Spitze geleitet, hinauf bis in den allerhöchsten Wipfel.

Im Frühling hat sich das Blatt weich und leicht verletzbar aus der Knospe befreit, sich entfaltet und gestreckt. Mit der Zeit wurde es immer fester und kräftiger. Es nahm seinen Platz im Baum, in der Gemeinschaft der anderen Blätter ein und hat sich dabei immer so gedreht und gewendet, dass genügend Sonnenlicht darauf fallen konnte.

Regen- und Trockenzeit hat es überstanden und über die ganze Vegetationszeit hinweg half es dem Baum zu wachsen, zu blühen und Früchte zu tragen. Es trug dazu bei, aus dem Sonnenlicht, der Luft und den Nährstoffen aus dem Boden Kraft zu sammeln und diese Kraft an andere weiterzugeben. Doch die Natur hat alle Geschöpfe einem Lebensrhythmus unterworfen und so ist im Herbst die Schuldigkeit für das Blatt getan. Wir können uns noch kurz an den warmen Farben des Herbstes erfreuen und dann fällt es mit Milliarden anderen zu Boden. Vielleicht will das Blatt durch diese Veränderung, durch dieses Aufleuchten noch einmal auf sich aufmerksam machen, bevor es sich schließlich auflöst und vergeht.

Zuvor jedoch gibt es viele wertvolle Stoffe dem Baum zurück, gibt sie an die neue Generation der jungen Knospen weiter. Am Boden zerfällt das tote Blatt zu neuem Nährboden und so schließt sich der Kreis jedes Jahr aufs Neue. Von Jahr zu Jahr, von Generation zu Generation wird der Baum kräftiger und stärker und kann in jedem neuen Jahr noch mehr Blätter tragen.

So liegt auch im Werden und Vergehen eines Blattes ein tiefer verborgener Sinn. Kein Schicksal, kein Sterben, kein Tod sind sinnlos, nur weil wir es nicht verstehen oder begreifen können. Die ganze Welt ist so eingerichtet – und wir Menschen sind nur ein kleiner Teil des Ganzen. Wir verdrängen diese Tatsache nur allzu oft und kümmern uns nicht um die Schöpfung, die uns doch immer und allumfassend umgibt. Aber schon ein kleines Blatt kann uns aufzeigen, wie winzig wir in Wirklichkeit sind. Alles, was der Mensch ein Leben lang sammelt, anhäuft und festhält bleibt zurück und niemand kann auch nur die kleinste Perle mitnehmen.

In den winzigen und oberflächlich unbedeutenden Dingen die verborgenen Wunder zu erkennen, ist ein großer Schritt, der unser menschliches Bewusstsein erst wirklich ausmacht. Dahinter auch zu spüren, dass sich in allen Dingen das Wunder der Schöpfung und der Schöpfer selbst verbirgt, ist ein gewaltiger Sprung, der uns durch verschlossene Türen trägt und uns neue Welten öffnet. Neue Welten, in denen der Schöpfungsakt nicht etwas ist, das irgendwann vor langer Zeit einmal stattgefunden hat, sondern ein wunderbares Wirken, welches täglich, stündlich, auch jetzt und hier und überall auf der Welt greifbare Realität ist. Schon ein einzelner Baum allein mag einmalige Geheimnisse bergen, ein ganzer Wald jedoch kann wirkliche Wunder bewirken. An uns und in uns.

So wie das kleine Blatt, das ich in meiner Hand halte...

∞

Wunder fallen wie ein Blatt einfach als Geschenk vom Himmel, doch wir erkennen sie erst, wenn wir sie mit unserem Herzen sehen.

Sie öffnen unser Bewusstsein, schaffen Geborgenheit und Nähe, lassen Vertrauen und Dankbarkeit wachsen.

Wunder sind die göttlichen Schlüssel, mit denen wir alles Verschlossene mühelos befreien und mit neuen Augen sehen.

Sie sind die täglichen Geschenke, die unseren Seelen Flügel wachsen lassen.

Spiegel

Ein wirklich windiger, kühler Tag – und weil das allein nicht schon ausreichen würde, beginnt es auch noch leicht zu regnen. Obwohl mich das herbstliche Wetter von meinem gewohnten Spaziergang abhalten will, raffe ich mich doch aus meiner warmen Stube auf und gehe ein paar Schritte. Bestimmt ist das auch gesünder, als den ganzen langen Tag nur in meiner Wohnung oder vor dem geliebten Fernsehapparat zu verbringen.

Mein Weg führt mich den vertrauten Weg hinaus an den kleinen See, auf den der Blick durch die laublosen Bäume schon von Weitem freigegeben wird. Unruhig schlagen dort kleine Wellen an das Ufer. Sie brechen sich an Steinen und laufen, zerteilt und geschwächt, den neu Ankommenden entgegen. Man kann die Kraft des Windes erahnen, der ungebremst seine Spuren über den gekräuselten See zieht. Waren sonst immer die Ringe der Fische zu sehen, die kurz an die Wasseroberfläche schwammen, so ist heute nichts davon zu erkennen. Alles ist ungestüm, voller Unruhe. Kein Vogellied ist zu hören, nur das Rauschen des Windes in den Zweigen.

Als ich letzte Woche hier an der gleichen Stelle stand, war es vollkommen ruhig, windstill. Wie eine dunkle Glasscheibe lag das Gewässer, plan und eben. Von den Sträuchern, die auf der gegenüberliegenden Seite des Sees stehen, war eine Vielzahl von Vogelstimmen zu hören. Das Brummen und Zirpen der Insekten drang an mein Ohr. Einzelne Wasserläufer bewegten sich flink über die tragende Wasseroberfläche und immer wieder sorgten kleine Fische für ein sanftes Ringelspiel.

Ich ging auf den Steg, der über den See führt und stützte mich auf das Geländer. Lange stand ich regungslos da und betrachtete mein Spiegelbild. Nichts war verschwommen, alles war deutlich. So ruhig lag das Wasser unter mir.

Nur, wenn die Ruhe kommt, sieht man sich selbst...

∞

...wenn man erkennt, wo überall große und kleine Wunder wirken, begreift man, dass auch noch heute die Schöpfung in allen Dingen ihre Kreise zieht...

grenzenlos

Drachen steigen lassen –
ganz schön hoch.
Gleitschirmfliegen –
schon ein wenig höher.
Ballonfahren, Segelfliegen –
noch höher.
Mit dem Motorflugzeug,
mit dem Düsenflugzeug –
noch einmal viel höher.

Und dann mit einer Rakete – wow!
Höher hinaus geht's nicht mehr!

Hier greifen die Gesetze der Naturwissenschaft,
hier ist Schluss!

Doch in Gedanken fliege ich noch höher,
noch weiter, noch schneller – ohne Ticket
und komme wieder zurück,
unbeschadet und reich beladen!

Hier kann ich die Grenzen
der Wissenschaft sprengen!

Jeden Tag, so oft ich will!

Von der Zeit, die einfach stehen blieb

Ohne Rast und ohne Pause,
ohne Muse, ohne Ruh,
jede Stunde, alle Tage
gibt sie ihren Senf dazu.

Überall in jedem Winkel,
in jeder Nische weit und breit,
steckt die allzeit mittelbare,
dauerhaft präsente Zeit.

Immerzu, an allen Tagen,
sekundenschnell, an jedem Ort
kann dir bald die Stunde schlagen:
Die Zeit hat stets das letzte Wort.

Doch auf einmal, welcher Frieden,
das große Räderwerk steht still –
ungeplanter Uhrwerksschaden,
aus „ich muss!“ wird ein „ich will!“

Anderes wird plötzlich wichtig,
ohne Zeit wird alles frei.
Ticke ich auch nicht mehr richtig,
ist mir's gänzlich einerlei!

Wie lange? Kann mir niemand sagen,
die Maßeinheit ist außer Kraft –
und fühle bald ein Unbehagen
im Sprung aus der Gefangenschaft.

Ängstlich spüre ich mein Scheuen,
suche nach Struktur und Halt,
beginne fast schon zu bereuen,
das Fehlen dieser U(h)rgewalt.

Eine Leere, eine tiefe
Ungewissheit greift sich Raum
und schon möchte ich beenden,
diesen zeitenlosen Traum.

Ohne Stunden, ohne Tage
wäre vieles sinnentleert –
ein nicht vorhand'nes Zeitgefüge
raubt gar des Augenblickes Wert.

Ach, ich sehe mich schon eilen
(s'ist wohl menschliche Natur),
hab' die Uhr in meinen Händen,
verschließe mich Experimenten –

und bringe sie zur Rep'ratur...

Durst

Die Erde ist groß und wir können nur einen kleinen Teil davon sehen. Wären wir jeden Tag unseres Lebens an einem anderen Ort, wir würden nur ein winziges Stück unseres Planeten entdecken. Doch Entfernungen sind heute nicht das Problem, sie sind in kürzester Zeit überwindbar. Nichts liegt zu fern, um nicht schon am selben Tag auf unseren Bildschirmen zu sein.

Die Welt ist im Wandel und das war sie schon zu allen Zeiten. Doch dieser Wandel verläuft immer schneller und hat zunehmend größere Auswirkungen. In ständig kürzeren Abständen drückt der Mensch der Erde den wachsenden Stempel der Zivilisation auf. Immer größere Flächen werden besiedelt, zersiedelt, zerstört. Die Erde verändert ihre Farben und Formen, ja, sie verändert ihr Bild. Wir selbst können diese Veränderungen bereits mit bloßem Auge wahrnehmen. Waren früher Wildblumen und eine Vielzahl an freilebenden Tieren für uns selbstverständlich, so werden sie heute an vielen Stellen zur Ausnahme. In unserem immer enger werdenden Lebensraum sieht man sie oft nur noch in Schutzgebieten oder künstlichen Schauhäusern. Eingegrenzt von bebauten Gebieten, Verkehrswegen und landwirtschaftlichen Intensivflächen. Es verbleiben uns nur geduldete, aber doch so begehrte Biotope. Auch wir Menschen rücken immer näher zusammen. Immer schneller wachsen Städte und Ortschaften aufeinander zu und verlieren ihre sichtbaren Grenzen.

Selbstentfaltung, eigene Freiräume und Individualität sind Schlagworte, die immer mehr an Bedeutung gewinnen, je enger der Lebensraum für uns wird. Jeder sucht seine Nische, seine persönliche Freiheit. Doch wo sind nun all die Antworten für all die Suchenden? Kaum kommt irgendwo ein neuer Gedanke auf, der neue Lebensinhalte setzen will, so folgen ihm schon nach kurzer Zeit Millionen von Menschen. Alle sind gierig auf Neues, da sie im bekannten Kreis nichts mehr finden wollen oder können. Wie viele suchen ihr Glück heute im Übersinnlichen, Überirdischen und hoffen so auf neue Führungslinien für ihr Leben. Hinter allem Suchen und Sehnen steht aber der Durst, die unendliche Weite des Universums zu begreifen und das tiefe Bedürfnis, Gott nahe zu sein.

∞

„Der erste Schluck aus der Quelle der Wissenschaft führt zum Atheismus, aber auf dem Grund des Bechers wartet Gott."

(Dieses Zitat wird Nobelpreisträger Werner Heisenberg zugeschrieben und entstammt vermutlich einem Grundgedanken von Francis Bacon aus dem Jahre 1601)

nötige Abwägung

Ein Student bat einen alten weisen Mann um Rat.

„Mein Herr“, sprach er zögerlich, *„ich spüre schon seit langem eine schwere Last auf meinen Schultern und an manchen Tagen will sie mich ganz niederdrücken.“*

„Mein lieber Sohn“, antwortete der Alte, *„das Leben ist so leicht wie eine Vogelfeder!“*

„Wie bitte“, fragte der Junge ganz erstaunt, *„da musst du dich irren! Ich spüre diese Last doch jeden Tag, als ob es Zentnersäcke wären!“*

„Wir sind es selbst, die uns diese Last auf die Schultern laden“, antwortete der Alte.

„Aber...“, wollte der junge Mann noch einwenden, doch da unterbrach ihn der Weise sogleich: *„Dieses aber, mein Sohn, wiegt alleine schon zehn Zentner!“*

∞

Der Ort, an dem schon alles entdeckt und erforscht ist, muss erst noch gefunden werden.
Entdecken ist keine Last, sondern Befreiung!

verlorene Kostbarkeit

Gute Freunde finden sich nicht wie Sand am Meer.
Habe ich einen gefunden, bin ich reich beschenkt.
Und doch kommt es vor, dass gute Freunde
auf einmal nur noch Freunde sind,
ich mich löse, sie sich lösen,
unausgesprochen,
vielleicht ganz unbemerkt,
vielleicht auch ungewollt,
vielleicht unbedacht,
vielleicht...

War diese Freundschaft dann nicht tief genug,
nicht herzlich genug, nicht ehrlich genug?

Ich bin auf der Suche nach Antworten
und spüre hinter jeder Frage den Verlust.
Kann ich Verbogenes wieder neu ausrichten,
Ausgesprochenes wieder zurücknehmen,
Geschehenes rückgängig machen?

Ich weiß es nicht, aber wenn ich
schon den Versuch unterlasse,
dann ist mir die Antwort jetzt schon gewiss...

nichts dazugelernt

Das ungezügelte Verlangen nach Ruhm, Macht und Geld, diesem kraftvollen Dreigestirn, war und ist schon immer Antrieb für Neid, Streit, Auseinandersetzung und Krieg. Die Gier, mehr zu besitzen als der andere, sich mit diesem zusätzlichen Reichtum über andere hinwegzusetzen und den eigenen Willen in den Vordergrund zu stellen, ist tiefer Nährboden menschlichen Unglücks.

Immer mehr anzuhäufen, immer größeren Einfluss zu erlangen, immer größere Heere zu befehligen – ein Irrweg, der seit Menschengedenken immer und immer wieder aufs Neue beschritten wird. In Psalm 52 können wir dazu lesen: *„Siehe, da ist der Mann, der nicht auf Gott sein Vertrauen setzte, sondern sich verließ auf seinen großen Reichtum und war mächtig, Schaden zu tun…"*

Doch alle Reiche sind bisher zu Staub zerfallen, keines hatte je Bestand und noch immer ist jeder König und jeder Kaiser, Anführer und Verführer irgendwann vom Sockel gestürzt. So auch der, von dem in diesem Psalm die Rede ist. Gott zerschlägt dessen Reich mitsamt seiner Stadt und lässt auch ihn selbst nicht überleben. Eigentlich eine deutliche Sprache!

Nur ist es leider so, dass der Mensch, sobald er Machtfülle in Händen hält, gern eine gewisse Taubheit entwickelt. Auf andere zu hören, sich etwas sagen zu lassen, vielleicht sogar zurechtgewiesen zu werden, wird dann immer weniger akzeptiert und schließlich ganz ignoriert. Schnell kommt zur Taubheit noch die Blindheit hinzu und der Verlust an Mitgefühl und Menschlichkeit geht zwangsläufig einher. Irgendwann lebt man in einem Elfenbeinturm – abgehoben und entfremdet.

Von dem, was vor den eigenen Augen geschieht, nimmt man immer weniger Notiz, ja man interessiert sich schlicht nicht mehr oder hat seine Leute dafür. Doch sobald dieser Kontakt zu unseren Grundfesten verloren geht, beginnt auch schnell das Fundament, auf dem dieser stolze Turm gebaut ist, zu wackeln. Wenn wir die Basis verlieren, nicht mehr wissen, worin die Werte begründet sind, dann ist bereits der Untergang vorherbestimmt.

Haben wir etwas aus der Geschichte gelernt? Bauen wir unser Haus auf einen Fels oder immer noch auf Sand? Wir werden es sehen!

Selbstfruchtend

(in Anlehnung an Eugen Roth)

Der Mensch ist nun mal nicht komplett,
wenn er nicht hat, was er gern hätt.
Und hat er dies und das dazu,
gibt er noch lange keine Ruh.

Betrübt umkreisen ihn Gedanken,
stets mehr zu fordern, statt zu danken.
Der Geist sinniert nach neuen Zielen
und lässt die Augen neidisch schielen.

Ich würde wünschen, dass der Mensch
auch einmal wunschlos glücklich ist,
doch schon aus diesem Wunsch heraus
entsteht ein innerlicher Zwist.

Der Wunsch – nun das ist meine These,
entsteht durch Parthenogenese.
Er produziert sich von allein,
wird eher groß und selten klein.

Der Mensch, der hat, was er gern hätt,
ist demzufolge nie komplett...

Bodensatz

Eine schwierige Frage: Was wird es wohl sein, das ich am Ende meines Lebens am meisten bereuen werde? Wenn ich mich darauf einlasse, dann fällt mir einiges ein, nur weiß ich ja heute noch nicht, was noch alles dazukommen könnte, das ich noch zusätzlich zu bereuen hätte.

Waren es böse Worte, gemeine Blicke, unbedachtes Geschwätz, schlechte Taten? War es meine Feigheit, Verlogenheit, Ungerechtigkeit?

Wenn ich lange genug in mir forsche, werde ich sicher noch einiges finden, das ich bereuen könnte. Vieles bleibt mir aber auch verborgen, weil ich mein Fehlverhalten gar nicht bemerkt habe. Vielleicht sind das dann sogar die Dinge, die ich am allermeisten bereuen sollte!

Nur, wenn ich noch tiefer in mich dringe, und mich nicht nur auf das Geschehene beschränke, dann wird mir klar: Die Dinge, die ich einmal am meisten bereuen werde, das sind diejenigen, die ich nicht getan, sondern die, die ich unterlassen habe...

Aus der Mode?

„Danke..."

Was? „Danke" sagen? Das ist doch heute nicht mehr wichtig! Es geht doch auch ohne, wo ja sowieso alles schon so selbstverständlich geworden ist! „Danke" sagen? Okay, im Notfall vielleicht, aber doch nicht für alles und jeden. Nein, das muss nicht sein!

Nur, was wäre jetzt, wenn man es einfach sagen würde? Einfach so – und wenn es nur für eine Kleinigkeit wäre? Vielleicht sollte ich es versuchen? Würde ich dann auf großes Erstaunen, auf Verblüffung stoßen? Ach du lieber Gott, da bedankt sich ja jemand! Das sind ja ganz neue Töne!

Lassen Sie uns doch einmal über dieses „Danken" sinnieren. Vielleicht entdecken wir drei Gründe, warum dieses so wichtig ist:

Der, dem der Dank zugesprochen wird, freut sich, weil seine Hilfe, seine gute Tat oder sein Rat Anerkennung findet. Der, welcher den Dank ausspricht, springt dabei gleichzeitig über seinen Schatten und macht sich bewusst, dass er fähig ist, seinen Gefühlen Worte zu verleihen. Und bei beiden setzt eine erstaunliche Wirkung ein, weil sie sich durch dieses „Danken" und „Dank annehmen" menschlich viel näher kommen.

Denn die Distanz, der große Abstand zu seinen Mitmenschen ist in der heutigen Zeit oft das größte Hindernis. Es kann jemand meilenweit von dir entfernt sein – und das, obwohl er dein nächster Nachbar ist. Du weißt nicht, was ihn umtreibt, was ihn quält, wie er fühlt und denkt. Du siehst, dass er eine schwierige Arbeit nicht allein fertigbringt und kannst seelenruhig dabei zusehen, ohne deine Hilfe anzubieten. Aber wer auf seinen Nächsten zugehen kann, der kann ganz bestimmt auch ein herzliches Dankeschön aushalten.

Wir haben es schon ein wenig verlernt, das Danken. Vor allem, weil wir selbstzufrieden meist nur auf uns sehen. Doch mit Danken kann man wirklich nichts falsch machen – aber so vieles richtig! Und falls man innerlich doch noch zögern sollte, dann darf ich hier als Schwabe an dieser Stelle noch ein kleines, aber doch sehr schlagkräftiges Argument anführen, warum wir mehr danken sollten:

„Das Danken ist so wertvoll – und kostet nichts!"

Wie es im Buche steht

Durch Sprichworte, Redewendungen oder auch durch Volksweisheiten werden Texte oder Gespräche deutlich aufgewertet und lebendiger. Bildhafte Ausdrucksformen sagen zudem oft mehr als tausend Worte, weil man ohne Schwierigkeiten in die jeweilige Situation eintauchen kann. Eine große Anzahl dieser Redewendungen ist aber wortwörtlich oder abgeleitet biblischen Ursprungs und wird täglich von uns, aber auch von den überzeugtesten Atheisten verwendet.

Was? *Da wird mir ja angst und bange!* Sogar von solchen, die mit der Bibel nichts anfangen können? Ich könnte *Gift und Galle spucken!* Womöglich von solchen *Wölfen im Schafspelz? Mir stehen die Haare zu Berge!* Wie kann ich dann solche Menschen überhaupt einschätzen, wie soll ich nur *die Spreu vom Weizen trennen?* Darf ich das überhaupt? Nein, das will ich mir nicht anmaßen, denn *Hochmut kommt vor dem Fall!* Und darauf gibt's *Brief und Siegel!*

Aber gibt es überhaupt eine sichere Methode, wie sich die innere Einstellung eines Menschen auf *Herz und Nieren prüfen* lässt und uns dann ein Licht aufgeht? Vielleicht, wenn ich mich *von*

Angesicht zu Angesicht meinem Gegenüber stelle? Dann könnte ich mich *im Schweiße meines Angesichts* selbst überzeugen und es würde mir *wie Schuppen von den Augen fallen.* Doch wenn ich dann etwas erfahren würde, das mir nicht passt, dann könnte mir das schnell *durch Mark und Bein gehen* und ich würde *Blut und Wasser schwitzen.* Ja, *wer sich in Gefahr begibt, kommt darin um.*

Ach, vielleicht sollte ich mir nicht immer alles *so zu Herzen nehmen* und besser *im stillen Kämmerlein bleiben.* Doch vermutlich gelingt mir das nicht, *denn der Geist ist willig, aber das Fleisch ist schwach!* Mir wird so langsam klar: So *komme ich auf keinen grünen Zweig!*

Aber wenn ich *aus meinem Herzen eine Mördergrube mache,* dann *habe ich auf Sand gebaut.* Ich muss ja auch mit meinen Mitmenschen nicht gleich *ein Herz und eine Seele sein* oder ihnen *die Leviten lesen.* Vielleicht widerstrebt ihnen sogar, wenn ich zu sehr hinterfrage. Wäre schon möglich, denn, *was du nicht willst, das man dir tut, das füg auch keinem andern zu!* Bestimmt wäre ihnen mein Drängen *ein Dorn im Auge* und ich bekomme das Stoppzeichen signalisiert: *Bis hierher und nicht weiter!*

Am Ende werde ich dann selbst ausgefragt, was mir auch nicht recht wäre. Wie ich's wohl mit dem *schnöden Mammon* halten würde oder so? Ja, *wer andern eine Grube gräbt, fällt selbst hinein!*

Da *wasche ich doch lieber meine Hände in Unschuld* anstatt andere *mit Füßen zu treten.* Zudem ist mir bewusst, dass, *wer Wind sät, Sturm ernten wird!* Aber ich bin mir sicher, dass *der Glaube Berge versetzen kann,* auch, dass es *der Herr den Seinen im Schlaf geben wird,* doch deshalb bin ich noch lange nicht *im siebten Himmel.* Ob ich bei „den Seinen" bin, weiß ja nur er allein, da kann ich noch so *Feuer und Flamme sein.* Oh je, was zerbreche ich mir den Kopf, wo ich doch weiß, dass *Sorge alt macht vor der Zeit!* Obendrein *hat alles seine Zeit,* und wenn ich mir auch *die Augen ausweine,* so finde ich *nichts Neues unter der Sonne.* Alles ist schon da!

Nur eines ist sicher: *Alle Wasser laufen ins Meer* und deshalb beende ich mein *Tohuwabohu. Ich bleibe im Lande und nähre mich redlich! Er wird mich auf Händen tragen* und deshalb *posaune ich es laut hinaus: Ein jedes Werk soll den Meister loben,* denn *Ehre, wem Ehre gebührt!*

∞

„Denn des Herrn Wort ist wahrhaftig
und was er zusagt, das hält er gewiss!"

(aus Psalm 33)

innerer Taktgeber

Die Zeit, die gute Zeit
liegt als Geschenk für dich bereit.
Gott schenkt dir die Gnade,
sie zu erkennen und anzunehmen.

Die gute Zeit wächst in deinem Herzen,
gedeiht mit offenen Sinnen und offenen Armen,
bis sie in dir selbst zum Leuchten kommt.

Die gute Zeit schenkt dir Geborgenheit,
auch in unruhigen Zeiten.
Sie schenkt dir Lebensfreude und Glück
und erfüllt dich mit tiefer Zufriedenheit.

Sie bereitet dir ein Grundvertrauen,
das immer größer und beständiger wird
und sich nicht ablenken und beirren lässt.

Sie begleitet dich, ja sie trägt dich,
sie zeigt dir den Unterschied und den Wert
und bleibt bei dir, ein Leben lang.

Die Zeit, die gute Zeit – geschenkt von Gott,
wird in dir selbst zum Segen.

zu spät

Im Frühling sind die Hummeln und Bienen zu dir gekommen. Viele weitere haben auf dir Platz genommen, dass es ein Summen und Brummen war. Ein jedes Tier wurde mit Nektar und Pollen reich beschenkt.

Doch in dieser Zeit, als du geblüht hast,
konnte ich kein Fenster offen lassen!

Im Sommer hast du Schatten geworfen,
hast kaum einen Sonnenstrahl durchgelassen.

Ganze Scharen von Spatzen haben sich in dir
versammelt, und oft so ein Geschrei gemacht,
dass ich bald mein eigenes Wort
nicht verstanden habe.

Unter dir konnte ich nichts stehen lassen,
erst recht nicht den Liegestuhl,
denn die Vögel machten
mit ihrem Schmutz vor nichts Halt.

Im Herbst waren deine Früchte reif,
doch ich habe sie nie geschätzt,
sie waren mir immer viel zu sauer
und ich hatte nie die richtige Verwendung dafür.

Die Wespen wurden magisch von ihnen
angezogen und wieder konnte ich mich nicht
in meinem Garten aufhalten.

Dein überreifes Fallobst ist jedes Jahr am Boden
liegengeblieben und vergammelt.
Wochenlang hat es bei mir
wie in einer Mosterei gerochen.

Und dann kam der November und
mit ihm Unmengen von abgeworfenem Laub.
Ganze Berge musste ich entsorgen
und immer wieder war die Dachrinne verstopft.
Mühe und Arbeit hatte ich mit dir all die Jahre!

Endlich wurdest du gefällt
und mitsamt dem Wurzelstock ausgerissen.
Du alter Mostbirnenbaum!
Oh ja, ein längst überfälliger Schritt!

Und doch fühle ich mich jetzt so,
als ob man dabei auch ein Stück von mir selbst
herausgerissen hätte.

Viel zu spät habe ich erkannt,
dass dieser Baum seit langem schon auch in mir
Wurzeln geschlagen hatte...

Ein Licht leuchtet auf!

Ein wunderbares Fest! Unsere Gastgeber haben es wirklich an nichts fehlen lassen. Sektempfang, Vorspeise, Hauptgang und Nachtisch! Da kann einem doch das Wasser im Munde zusammenlaufen! Nur, ein begrenzender Faktor meldet sich bald zu Wort, denn leider hat man nur einen Magen. Gut, wenn man sich zwingen würde, dann ginge schon noch was, aber das wäre doch ungesund, oder?

Unser Verhalten ist allerdings sehr menschlich und zeugt davon, dass für schlechte Zeiten vorgesorgt werden muss. Also greift man eben zu und isst mehr, als nötig wäre. So ein tolles Fest ist ja nur einmal und ab morgen kann man auch etwas kürzer treten. Okay, das könnte man schon, doch kurz nach zwölf kommt diese legendäre Gulaschsuppe angefahren und schon lösen sich alle guten Vorsätze in Wohlgefallen auf.

Irgendwann neigt sich dann auch das schönste Fest dem Ende zu, die Gäste verabschieden sich und ein Chaos an Geschirr, Gläsern und Essensresten bleibt zurück. Hatte man doch ein wenig übertrieben? Die Reste an köstlichen Speisen, die teilweise noch halbe Schüsseln füllen, sollen aber keineswegs verderben. Schließlich waren die Sachen ja nicht gerade billig, die Zubereitung hatte viel Mühe gekostet und sicherlich kann man noch mehrere Tage davon genießen, vielleicht sogar etwas einfrieren.

So werden die Reste in sämtlichen verfügbaren Vorratsdosen abgetuppert und in Kühlschränken oder Gefriertruhen verstaut. Jetzt kann man mit Genuss immer wieder etwas hervorholen und das schöne Fest Revue passieren lassen. So denkt es einem wirklich noch lange! Zudem ist dieses Verhalten, wertvolle Lebensmittel nicht verkommen zu lassen, sehr lobenswert. Schließlich sind es ja Mittel zum Leben, die nicht für die Mülltonne gewachsen sind oder sinnlos gelebt haben.
Ja, soweit ganz in Ordnung. Doch dieses Handeln unterscheidet sich in elementarer Weise vom Wirken, das Jesus uns jeden Tag zuteilwerden lässt.

Wir nehmen unsere „alten" Lebensmittel von gestern oder vorgestern aus dem Kühlschrank – doch seine Liebe, seine Treue, seine Barmherzigkeit und seine Gnade sind jeden Morgen neu!

Wenn wir wieder an unseren Kühlschrank gehen, dann kann uns vielleicht, also wenn wir genau hinsehen, noch ein weiteres Licht aufleuchten...

Hoffnungsträger

Die Ernte ist vorüber, die meisten Feldfrüchte sind eingefahren und ein großer Teil der Ackerflächen liegt brach, ruht sich aus. Mit dem Pflug wird das Bett gewendet, ausgelüftet, damit der Frost die Krume sprengen kann. Doch manche Felder schlafen nicht. Einige Flächen liegen schon abwartend da, bereits vorbereitet für eine neue Saat. Wintersaat.

Noch im alten Jahr wird der Samen ausgebracht, dem Nebel und der Kühle des Herbstes und dem folgenden Winter mit Schnee und Eis anvertraut. Bereits in diesen Wochen, bevor erste Fröste die Natur zur Ruhe zwingen, wächst die neue Frucht heran. Überstehen wird nur, wer hart ist und widerstandsfähige Eigenschaften besitzt, alle empfindlichen Saaten müssen jetzt verderben. Wenn sich die ersten Schneeflocken wie ein feines dünnes Tuch auf die Erde legen, sieht man die dünnen wintergrünen Blättchen aus der weißen Decke blitzen. Gekeimte Versprechungen.

Trockene, schneearme und kalte Winter können dieser Saat schwer zusetzen. Bitterkalte schneefreie Tage dörren als Barfröste die jungen Pflänzchen regelrecht aus. Scheint dann noch die Sonne, so kann die zarte Vegetation kein Wasser aus dem gefrorenen Boden aufnehmen und muss vertrocknen. Dann steht im Frühjahr der Acker dünn und schütter da und es wird ihm schwer fallen, seine Wunden zu schließen. Wintersaat liebt den kalten Regen und den Schnee, sie braucht die Feuchtigkeit und den Schutz der weißen Decke, um zu überstehen. Geprüfte Lebenskraft.

Doch schon die ersten wärmenden Tage nützt die Saat, um schnell zu wachsen, um den nötigen Vorsprung vor allen Wildkräutern und Konkurrenten zu haben. Als erstes wird sie im neuen Jahr Frucht tragen und geerntet werden. Wintersaat – in Erde gelegte Hoffnung.

∞

„Großer Geist, gib uns Herzen, die verstehen,
nie von der Schöpfung mehr zu nehmen,
als zu geben.
Nie mutwillig zu zerstören zur Stillung unserer Gier.
Nie zu verweigern unsere Hand,
wo es gilt der Erde Schönheit aufzubauen.
Nie von ihr zu nehmen, wes wir nicht bedürfen."

(Indianische Weisheit)

Übergang

Das Haus ist alt geworden, schon lange bewohnt es niemand mehr. Der Sturm treibt Nässe durch die Ritzen und zieht an den Balken. Im ganzen Gebäude liegt modriger Geruch und feuchte Unbewohnbarkeit breitet sich aus.
Schon lösen sich die ersten Dachziegel und das Licht fällt durch die offenen Stellen. Der Putz bröckelt und sammelt sich am Boden wie schmutziger Sand. Das Mauerwerk ist Wind und Regen preisgegeben und leidet unter dieser Blöße. In die lockeren Fugen dringt der Frost und sprengt die Mauersteine.
Die ersten Balken drehen sich schon aus dem Lot, die ersten Wände geben nach und stürzen ein. Das Haus hatte so lange Bestand, doch nun wird es baufällig und wertlos. Nach und nach brechen Decken und Zwischenwände. Alles löst sich auf, nur die starken Außenwände bleiben stehen, halten noch dagegen.

Das Haus ist zur Ruine geworden. Doch noch immer zeugt es vom Glanz früherer Zeiten. In manchen Steinen kann man noch die eingemeißelten Verzierungen erkennen. Dort zeigt sich die Herrlichkeit vergangener Tage, der Wohlstand der

Besitzer. Nun überwuchert Efeu die Ruine, die ersten Bäume wachsen aus den zerfallenen Mauern und erobern sich Raum zurück, der ihnen vor Jahrhunderten genommen wurde. Der Kreis schließt sich wieder. Verweilt man einen Augenblick, so kann man vielleicht, allein in Gedanken, aus den alten und scheinbar wertlosen Steinquadern, dieses einst so starke, schöne und prachtvolle Haus neu errichten.

Alles vergeht – geht unter und entsteht wieder neu. Vergänglichkeit ist um uns und mit uns. Aber in allem Vergänglichen liegt auch die Schönheit, der Reichtum und das Glück des Augenblicks. Nur mit dem Bewusstsein für das Vergangene können wir das Heute überhaupt annehmen und schätzen. Erst mit dieser veränderten Sicht wird für uns jeder neue Tag zur wirklichen Erneuerung.

∞

„Lasst vergehn, was vergeht!
Es vergeht, um wiederzukehren,
es altert, um sich zu verjüngen,
es trennt sich, um sich inniger zu vereinigen,
es stirbt, um lebendiger zu werden."

(aus „Hyperion" von Friedrich Hölderlin)

ungeahnte Kräfte

„Du meine Seele singe, wohlauf und singe schön,
dem, welche alle Dinge, zu Dienst und Willen steh'n.
Ich will den Herren droben, hier preisen auf der Erd',
ich will Ihn herzlich loben, solang ich leben werd!"

Paul Gerhardt hat so deutlich und voller Gewissheit zum Ausdruck gebracht, was ihn bewegte. In jeder Lebenslage den Schöpfer zu preisen, ihm für alles zu danken und alles mit Zuversicht und Freude anzunehmen, was einem auf dem Lebensweg begegnen wird.

Aus eigener Erfahrung weiß ich, welche Stolpersteine sich in den Weg legen können. Vor über zwanzig Jahren erhielt ich die Diagnose einer rheumatischen Erkrankung. Eine Problematik, von der ich bisher gedacht hatte, dass so etwas nur alte Menschen treffen könnte. Jedoch musste ich sehr schnell lernen, dass dem nicht so ist. Mein Beruf als Gärtnermeister wurde zwangsläufig in Frage gestellt, denn mein Körper signalisierte mir immer deutlicher: „So geht's nicht weiter!"
Bei verschiedenen Klinikaufenthalten habe ich auch mehr und mehr erkannt, dass ich mit meiner Krankheit nicht alleine bin, ja dass es sehr viel mehr Betroffene gibt, als ich zu ahnen glaubte.

Vor allem aber wurde mir bewusst, wie tief manche Menschen fallen, wenn das berufliche, das familiäre oder auch das finanzielle Netz zusammenbricht. Wie viele dabei auch in schwere Depression versinken können, aus denen sie selbst die beste Therapie nicht herausziehen kann.

Bei allen Sorgen hatte ich aber immer das große Glück und die unendliche Gnade, dass ich meinen Optimismus nie aufgegeben habe und die Stärke hatte, mich in positiver Weise gegen meine Erkrankung zu stemmen und sie gleichzeitig doch anzunehmen. Meine innere Gewissheit, dass mir auch in der größten Not nichts geschehen wird, dass ich immer geborgen und beschützt sein werde, gab und gibt mir die nötige Energie, mein zunehmendes körperliches Unvermögen mit anderen, teils neuen Möglichkeiten und Aktivitäten auszugleichen. Die Gabe, meine Gedanken und damit vieles, was mich bewegt niederzuschreiben, ist dabei nur eine dieser neu hinzugekommenen Erfahrungen. Meine Umwelt viel bewusster, ja mit ganz neuen Sinnen wahrzunehmen eine andere. Wenn ich rein körperlich keine Gipfel mehr erklimmen kann, so gelingt es mir immer mehr, bisher unentdeckte Gebiete auf andere Art zu erforschen. Mein Blick geht schon noch sehnsuchtsvoll in die Ferne, aber er vertieft sich immer öfter in die kleinen Dinge, die ich dadurch immer mehr als kleine Wunder erkenne. Gerade auch im Singen, welches mir im Chor so viel Freude und Ausgleich bereitet, darf ich spüren, wie hilfreich und befreiend es ist, die frohe Botschaft lautstark zu verkündigen. Dass in allem Schlechten auch etwas Gutes steckt, ist mir längst bewusst. Mein Hunger nach den Aktivitäten, die für mich früher ganz normal und heute nicht mehr möglich sind, ist nach wie vor groß. Und doch wird dieser Hunger mit einem guten Gespräch, einem guten Buch, Musik und durch so viele andere Dinge gestillt, die mir früher fast fremd und fern erschienen sind. Doch diese Dinge waren auch früher alle schon da, nur hatte ich deren Stellenwert noch nicht erkannt. Es bedurfte erst einer schmerzlichen Phase der Ungewissheit, um diese neue Gewissheit zu erlangen. Ja, heute kann ich mit Dankbarkeit auf meinen zurückgelegten Weg blicken und meine Schwachheit getrost in seine Hände legen!

So heißt es auch in der achten und letzten Strophe aus diesem eindrucksvollen Liedtext von Paul Gerhardt:

„Ach, ich bin viel zu wenig, zu rühmen Seinen Ruhm;
der Herr allein ist König, ich eine welke Blum'.
Jedoch, weil ich gehöre gen Zion in sein Zelt,
ist's billig, dass ich mehre, Sein Lob in aller Welt!"

Geheimrezept?

Um Holz zu hacken, brauche ich neben Zeit und einem festen Willen auch einige andere Zutaten: Ich brauche...

...Kraft in den Armen, da ich sonst schwach werde und der zu hackende Stapel nicht kleiner wird,

...Geduld und Ausdauer, sonst verlässt mich gleich mein Wille und mir fallen wichtigere Dinge ein,

...Augen im Kopf, damit meine Axt keinen Schaden verursacht, sondern dort trifft, wo sie soll,

...Schuhe und Kleider, die etwas aushalten und nach Möglichkeit auch etwas abhalten können,

...einen groben Klotz, der meine Axthiebe gut wegstecken kann und sich nicht gleich beim ersten Fehlschlag in die Knie zwingen lässt,

...einen harten Wetzstein, mit dem ich die stumpf werdende Axt immer wieder neu schärfen kann,

...zwischendurch gerne auch in gutes Vesper, das mir wieder neue Kraft verleiht.

So und wenn ich dann alles habe, was zum Holzhacken nötig ist, ginge mir dann mit Wut im Bauch diese Aufgabe nicht leichter von der Hand? Bestimmt! Doch diese Wut in die richtigen Bahnen zu lenken – genau das ist die notwendige Kunst...

∞

Die Liebe, das Glück und der Glaube
wachsen nicht von alleine.

Viele sind das ganze Leben auf der Suche,
unternehmen sämtliche Anstrengungen,
und doch bleibt all ihre Mühe vergebens.

Mit Gewalt lässt sich nichts erzwingen,
mit Gewalt entfernen wir uns immer weiter.

Doch vielleicht spüren wir schon morgen,
wie das Glück, die Liebe und der Glaube
von ganz alleine wächst

und spüren erst später,
wie fein Gott seine Fäden in uns gesponnen hat.

vergebliche Suche

Was vergangen ist, ist vergangen, vorbei und abgehakt. Schnell geht der Blick wieder nach vorne, richtet sich in die Ferne und sucht neue Ziele. Stillstand ist Fehlanzeige! Sofort sind wir wieder auf der Jagd nach Besserem, Schönerem – nach immer größeren Superlativen. Nicht, weil wir etwa unzufrieden wären mit dem, was wir schon haben – weit gefehlt! Wir wollen uns nur nicht mit dem beschränken, was wir schon besitzen, was wir schon geleistet haben, was wir schon erlebt haben. Da sollte doch noch was möglich sein!

Können wir uns endlich einen Wunsch erfüllen, so klopfen sofort zehn neue an die Tür. Es gibt keine Pause, keine Ruhe. Die Zufriedenheit verwandelt sich in Erwartung, die Erwartung in Unzufriedenheit und Begierde. Und jetzt steckt auch noch diese Gier nicht nur im Wort „Begierde", sondern tief in uns selbst. Wir vergessen den dankbaren Rückblick, die Erinnerung an all das Schöne, das uns schon widerfahren ist und setzen uns immer unerreichbarere Ziele. Die Frage nach der Zukunft können wir bald nur noch mit Forderungen beantworten, denn vor lauter Bäumen, die in unserem großen Garten bereits wachsen, sehen wir längst den Wald nicht mehr.

Oft finden wir uns selbst kaum noch zurecht, weil wir immer auf der Suche nach besseren Tagen sind. Doch wer sagt uns, dass die besten Tage nicht die sind, in denen wir gerade leben? Schon gar nicht käme uns in den Sinn, dass die besten Tage bereits vorbei wären und wir sie noch nicht einmal bemerkt hätten!

∞

So ist der Mensch, dass er sich eine gute Flasche
Wein, also einen besonders guten Tropfen,
gerne zurückbehält
und für einen besonderen Anlass aufbewahrt.

Und dann liegt so eine wertvolle Flasche
oft über viele Jahre im Weinregal,
weil dieser Anlass,
an dem man eben diesen Wein genießen möchte,
einfach nicht kommt
oder einem nicht als besonders genug erscheint.

Wenn dann eines Tages doch Anlass genug wäre,
dann ist auch der beste Tropfen
schon lange ungenießbar und vergangen…

Ganz schön blöd – oder?

Diebstahl?

Kann man sich Zeit stehlen – und wenn ja, wie, wo und von wem? *„Meine Zeit steht in deinen Händen"*, so steht es in Psalm 31 und auch in einem Liedtext von Peter Strauch. Sie steht also – sie eilt nicht, rennt nicht, hetzt nicht – sie steht. Und in deinen Händen ist sie doch für mich unerreichbar, oder?
Zeit ist ein knappes Gut, da wäre es doch super, wenn man diese Ressource mehren könnte. Vielleicht lässt sich etwas Zeit kaufen, Zeit gewinnen und wenn's nicht klappt, dann doch besser stehlen? Wofür brauche ich überhaupt dieses „Mehr" an Zeit? Warum komme ich nicht mit der Spanne zurecht, die ich zur Verfügung habe? Die Zeit, die ich für meine Arbeit verbrauche, ist mein Einsatz zum Erfolg. Die Zeit, die ich mit meinem Partner, meinen Freunden verbringe, ist mein Beitrag zur Ausgeglichenheit. Mit der Zeit, die ich meinen Kindern schenke, erfülle ich mir selbst die unerfüllten Wünsche. Zeit, die ich zum Schauen, Hören, Fühlen und Träumen verschwende, ist immer zu knapp und zählt doch doppelt. Und die Zeit, die ich im Spielen, Lachen und Fröhlichsein erleben darf, entschädigt mich für Zeiten der Trauer, Sorge und Not. Aber meine Zeit ist mit den alltäglichen Dingen schon ziemlich aufgebraucht. Ich muss mich

regelrecht zum Stillstand zwingen, mir in aller Unruhe eine Auszeit zum Innehalten, Nachdenken und Beten nehmen. Nur, wenn ich meine Zeit für einen Augenblick anhalten kann, erkenne ich den Wert, den jeder Bruchteil meines Lebens hat. Ohne Denken und Beten, ohne zu verstehen, wo die Quelle und die Kraft unserer Lebenszeit ihren Ursprung hat – ohne diese Erkenntnis bliebe jeder Herzschlag nur eine verlorene Sekunde, nur verlorene Zeit. Jetzt kann mir diese kostbare Zeit aus deinen Händen zufließen, ich muss sie nicht stehlen, sondern erhalte sie jeden Tag aufs Neue von dir geschenkt. Ich muss nicht mehr eilen, rennen oder hetzen. Ich darf mich getrost auf dich verlassen, denn *„nun kann ich ruhig sein, ruhig sein in dir!"*

∞

„Ich lerne sehen, ja ich fange an.
Es geht noch schlecht.
Aber ich will meine Zeit ausnutzen."

(Rainer Maria Rilke,
österr. Erzähler und Lyriker)

Es darf gelacht werden...

...aber warum vergeht es uns so oft, wenn wir es doch dürfen? Lachen ist ein Geschenk, von dem viele den Wert nicht genügend schätzen oder schon gar nicht mehr kennen. Machen wir uns doch mal schlau und schauen, ob uns Wikipedia dazu etwas sagen kann. Hier steht dann zu lesen: *„Lachen ist eines der wichtigsten angeborenen, emotionalen Ausdrucksverhalten des Menschen, das nicht nur, aber vor allem in der Gemeinschaft seine Wirkung entfaltet."*

Aha, da steht also: *Angeboren, wichtig und entfalten* – wie interessant! Lachen steckt schon im kleinsten Kind und wissenschaftliche Forschungen zeigen auf, dass ein Kind im Durchschnitt bis zu vierhundertmal am Tag lacht, Erwachsene nur noch etwa dreißigmal. Als ich dies las, bin ich ehrlich erschrocken. Welch ein ungeheurer Verlust an Lebensqualität – und wir sind alle Teil dieser Entwicklung und unternehmen nichts dagegen? Bei Wikipedia kann man dann noch Folgendes erfahren: *„Lachen dient als Entlastungsreaktion nach überwundenen Gefahren; es dient als Abwehrmechanismus gegen spontane Angstzustände und zur Festigung sozialer Beziehungen und auch noch zur Abwendung von sozialen Konflikten.* „Wow! Wahnsinn! Man sollte sich diese Zeilen sofort dick unterstreichen, denn hier liegt eine solch unheimliche Kraft verborgen, die zudem für jeden von uns kostenlos verfügbar ist. Sogar die Mediziner können dem Lachen sehr viel Gutes abgewinnen. Es verringert die Gefahr eines Herzinfarkts, nach dem Lachen sind mehr Abwehrstoffe im Blut nachweisbar, Endorphine werden ausgeschüttet, das Schmerzempfinden verringert sich und auch das vegetative Nervensystem wird stimuliert! Ober-Wow!

Wenn man all dies weiß, sollte man doch die tägliche „To-do-Liste" dringend ergänzen und seine Lachfrequenz deutlich steigern. Machen wir uns bewusst, dass uns das Lachen als Gottesgeschenk bereits in die Wiege gelegt wurde, dann wäre es doch sträflich, diese Gabe immer weniger zu nutzen. Selbst Martin Luther (der eigentlich das Lachen eher kritisch betrachtete) hatte schon erkannt, dass aus einem verzagten... Gut, ich muss es hier nicht weiter ausführen und denke, dieses weise Wort ist hinlänglich bekannt. Bildhaft ausgedrückte Wahrheit lässt uns aber viel leichter erkennen, was damit gemeint ist. Wer verzagt, weil ihm alles zu viel wird, weil er vor Bäumen keinen Wald und vor Sorgen kein Licht mehr sieht, dem muss das befreiende Lachen dann zwangsläufig im Hals stecken bleiben.

Doch nun wird's richtig schwierig, denn jetzt

geht's ans Eingemachte. Sehe ich zuerst immer auf die positiven Seiten oder stelle ich sofort das Negative in den Vordergrund? Kann ich das Erfreuliche noch sehen oder ist mein Blick auf das Unerfreuliche schon so automatisiert, dass ich das Schöne schon gar nicht mehr sehe, gar nicht mehr erkennen will? Ist mein Glas nur halbleer oder schon halbvoll? Also, ich kann es gern zugeben, auch mein Glas ist ab und zu nur halb gefüllt. Habe ich schlecht geschlafen, trage ich Sorgen in mir, passt mir einfach etwas nicht, dann spiegelt sich mein Befinden sogleich in meinem Verhalten wider. Ich kann mich nicht verleugnen, weil ich so bin, wie ich bin. Vielleicht habe ich mich auch in meiner „Motzecke" eingerichtet und will gar nicht mehr heraus. Ja, manchmal erreiche ich mit meinem auffallend negativen Verhalten sogar ganz besondere Aufmerksamkeit. Sollte ich das dann so weitertreiben?
Dabei habe ich vergessen, dass ich von Geburt an eigentlich anders bin. Habe ich als kleines Kind nicht auch vierhundertmal am Tag gelacht? Wären mir überschäumende Endorphine nicht willkommener als miese Herumnörgelei? Dabei erkenne ich doch die schlechte Laune sehr schnell bei allen anderen, nur nicht bei mir. Da habe ich gerne meine Schutzkleidung an und lasse keinen Rat und keine Kritik an mich heran, weil ich ja nicht so

bin wie die anderen. Würde ich nur eine offene Meinung zulassen, ich wäre erstaunt, wie viel es über mich zu lachen gäbe. Vielleicht lacht man ja wirklich über mich und ich bemerke es nur nicht? Soll ich mal nach Hause oder an den Arbeitsplatz kommen, wenn ich gar nicht da bin? Herrscht dann womöglich eine Superstimmung?

So viel Eingemachtes wäre mir dann aber auch nicht recht! Doch wenn ich es nicht soweit kommen lassen möchte, dann hilft nur das selbstbewusste Drehen an meiner eigenen Stellschraube! Nicht umsonst gibt es heute „Lach-Seminare", in denen Verlorengegangenes wieder aus der Versenkung geholt wird. Humor zu erkennen und Humor zu verbreiten, das sind die entscheidenden Knöpfe, die verhindern, dass mir selbst oder anderen der Kragen platzt.

Wer Lachen und Humor besitzt, darf getrost darüber hinwegsehen, dass Wunsch und Wirklichkeit oft weit voneinander entfernt sind. Lachen, Freude und Humor gehören fest zusammen und sind gottgewollte Bausteine unseres innersten Wesens – und noch dazu unbeschränkt verfügbar. Wenn ich bedenke, dass Gott uns nach seinem Bilde gemacht hat, dann muss er selbst ein sehr positiver, humorvoller und freudiger Gott sein, denn ein kleines Kind, das noch nichts von ihm weiß, ja, das kann herzlich, unbeschwert und fröhlich lachen – vierhundertmal am Tag...

Geisterfahrer

„Wir unterbrechen das Programm für eine Warnmeldung der Polizei: Achtung, Achtung! Auf der Autobahn zwischen den Anschlussstellen X und Y kommt Ihnen ein Fahrzeug entgegen. Fahren Sie äußerst rechts, überholen Sie nicht! Wir melden uns, wenn die Gefahr vorüber ist!"

Wie elektrisiert lausche ich auf die Worte des Radiosprechers. Bin ich selbst betroffen auf meiner Autobahn, meinem Streckenabschnitt? Oh mein Gott!
Wer von uns schon einmal in diese Situation geraten ist, der weiß es genau: Jetzt unbedingt die Augen aufmachen und ganz besonders vorsichtig fahren. Jetzt nicht auf die Tube drücken und überholen. Jetzt ganz genau darauf hören, wenn im Radio die nächste Meldung kommt! Hoffentlich wird dann die Entwarnung gesendet und ich kann beruhigt weiterfahren.

In einer Gefahrensituation kann ich also doch noch zuhören, kann beide Ohren aufsperren, damit mir keine Silbe entgeht. Doch dann gebe ich sofort wieder Gas – der Spuk ist ja vorbei. Vielleicht wird mir erst hinterher bewusst, dass die Gefahr auch jetzt noch besteht, eigentlich immer, solange ich unterwegs bin – nicht nur mit dem Auto. Kann ich auch dann zuhören, wenn mir kein Geisterfahrer entgegenkommt? Die Gefahr könnte ja auch darin liegen, wenn mir nichts entgegenkommt, sondern dass ich auf dem falschen Weg bin und auf der falschen Spur fahre. Höre ich dann auf andere? Höre ich die mahnenden Worte, die Hilferufe? Wie sagte es der französische Schriftsteller Antoine de Saint Exupery so treffend: *„Die Wahrheit sagt man sich nicht selbst, sie wird einem gesagt."*

Zuhören – gar nicht so einfach, wenn ich doch alles besser weiß. Die Ohren öffnen und das hören, was vielleicht gar nicht gesprochen wird. Das hören, was aus den Herzen der Menschen zu mir dringt und die Gefühle, die Sorgen, die Schmerzen des anderen zu erspüren. Ist es in mir und um mich herum schon so laut geworden, dass ich meine Ohren lieber verschließe und damit das Empfinden für mein Gegenüber verloren geht? Kann ich noch fühlen, mitfühlen, wie es dem anderen geht – auch dann, wenn ich es nicht schriftlich von ihm bekomme? Mit offenen Ohren zu hören bedeutet aber gleichzeitig nie Gekanntes zu erfahren – und auch aushalten zu müssen. Das, was an mich dringt, muss ja nicht nur eitel Sonnenschein sein. Soll ich dann besser schnell Ohropax in meine Gehörgänge stopfen? Soll ich flüchten, wenn ich doch zuhören könnte? Soll ich den Job hinschmeißen oder mich scheiden lassen, wenn ich erfahren muss, was ich nicht hören will? Soll ich nur noch lauten Parolen folgen und mitschreien, wenn ich mich den besonnenen Worten nicht mehr zuwenden kann?

Ja, das sind harte Fragen – sie stellen sich von ganz alleine und werden immer drängender, wenn ich verlernt habe, zuzuhören. Erst, wenn ich wieder zuhöre und anhöre werde ich mich wieder zuwenden und nicht abwenden. Dann werde ich neue Antworten bekommen, kann selbst wieder antworten und werde nicht zum kalten stummen Stein.

Viel entspannter versuche ich nun den Rest meiner Fahrt hinter mich zu bringen. Ich muss zwar immer noch alle Sinne auf das Verkehrsgeschehen richten, will aber bewusst versuchen, den Tunnelblick zu vermeiden. Lege ich zwischendurch kurze Ruhepausen ein, wird mein Weg bestimmt erholsamer werden. Gut, dass sich dadurch auch meine Durchschnittsgeschwindigkeit etwas verlangsamen wird, das dürfte logisch sein.

Doch mit meiner neuen, offenen und bedachten Fahrweise komme ich schneller ans Ziel... ganz sicher!

Zeitlauf

Die Uhr läuft – unaufhaltsam. Minute um Minute vergeht. Die Tage fliegen nur so vorbei und wir sind gefangen und eilen mit. Wir planen, setzen uns Ziele, nehmen uns viel vor. Wir zwingen uns in enge Zeitvorgaben – doch die Zeit holt uns immer wieder ein. Sie ist stärker und hat keine Mühe damit, unsere hochgesteckten Erwartungen locker über den Haufen zu werfen. Die Zeit ist die einzige Größe, die ständig ihren Maßstab an uns legt. Zwar erledigen wir immer größere Aufgaben in immer kürzeren Zeiträumen, aber wir gewinnen nichts dazu, keine Stunde, keine Minute, noch nicht mal eine Sekunde.

Benötigen wir für eine Arbeit weniger Zeit als geplant, fällt uns gleich die nächste Aufgabe ein. Was muss heute erledigt werden? Was morgen? Wie viele Termine habe ich im Kalender stehen? Reicht überhaupt die Zeit für all meine Verpflichtungen?

Möglichst ohne Zeitverlust organisiere ich mein Leben, ein knapp kalkuliertes Zeitmanagement. Jede Stunde wird berechnet – aufgerechnet. Lohnt sich die Zeitinvestition? Lohnt sich der Zeitverbrauch? Bei all der Hektik, die uns erfasst und immer fester im Griff hat, erkennen wir schon nicht mehr, dass wir unsere geschaffenen Freiräume sinnvoll nützen könnten, anstatt sie mit unseren Smartphones zu verschleudern.

Zeitdruck! Dieser selbst verursachte Zwang, nichts zu versäumen, keine Information zu verpassen, immer online zu sein. Sollten sich die technischen Wundergeräte einmal nicht melden, blinken oder keinen Klingelton von sich geben, dann ergreift uns fast schon Panik. Wir vermuten das Schlimmste: Der Akku muss leer sein, womöglich hat das teure Teil einen Defekt oder es hat sich gar ein Virus eingenistet. Schon brauche ich Zeit, um alles zu checken. Ja, unser neuer Alptraum ist heute tatsächlich mit Händen zu greifen!

Zeitlos – was wäre das für ein Leben! Zeitlos – wäre das überhaupt möglich, wo doch alles der Zeit unterliegt? Nichts, das nicht von der Zeit abhängig wäre. Jeder Tag, jedes Jahr, jede Generation, jedes Zeitalter! Alles Werden und Entstehen ist von der Zeit abhängig. Selbst das Alter des Universums wird in Milliarden von Jahren gerechnet und wir Menschen befinden uns selbst in einer winzigen Zeitspanne. Unsere Lebenszeit ist in der Unendlichkeit noch nicht einmal messbar. Warum wir uns dann so wichtig nehmen, um jede Sekunde kämpfen und uns mit Gewalt auch noch von diesem knappen Gut stehlen lassen, ist vielleicht menschlich nachvollziehbar, aber im Grunde eigentlich nicht zu begreifen.

„Unser Leben wäret siebzig Jahre, und wenn es hoch kommt, so sind's achtzig Jahre und wenn's köstlich gewesen ist, dann ist es Müh und Arbeit gewesen, denn es fährt schnell dahin, als flögen wir davon."

Mit diesen Worten aus Psalm 90 wird deutlich, dass man vor langer Zeit schon die Schnelligkeit, also die Vergänglichkeit des Daseins erkannt hatte. Nur, und auch das ist Realität, viele Leben sind kürzer, manche viel kürzer. Niemand unter uns kann daher vorherbestimmend sagen, wie lange seine Zeitspanne dauern wird. Wenn wir daraus das Bewusstsein erlangen, dass auch wirklich jede einzelne Stunde wertvoll und unwiederbringlich ist, dann haben wir schon viel gewonnen und können vielleicht beginnen, unsere verbleibende Zeit neu zu gewichten...

∞

„So ist nun mal die Zeit allhie',
erst trägt sie dich, dann trägst du sie.
Und wann's vorüber, weißt du nie!"

(Wilhelm Busch, dt. Maler, Zeichner und Schriftsteller)

unbezahlbar

ein angenehmer Händedruck,
ein freundlicher Blick,
eine nette Geste,
ein sorgender Gedanke,
ein liebes Wort

Es sind die kleinen Dinge, oft sogar die ganz nebensächlichen Kleinigkeiten, welche den Tag zum Tag werden lassen und ihn nicht einfach zu einer Zeitspanne von 24 Stunden degradieren. Kleinigkeiten, die uns erfreuen, die uns zum Schmunzeln oder Staunen bringen.

Ohne Zweifel bereitet uns auch ein schönes großes, gar aufwändig verpacktes Geschenk Freude. Wer würde nicht einen tollen Blumenstrauß mit Lachen entgegennehmen?

Und doch liegt in diesen, manchmal unscheinbaren, kostenlosen Kleinigkeiten ein ganz eigener, kostbarer und unbezahlbarer Schatz.

Solche Geschenke kommen ohne Umwege aus dem Herzen...

Winter

Winter – feine, zerbrechliche, verzauberte
und einmalige vom Himmel auf die Erde
gestreute Wunderwelt.

Ein Funkeln wie von diamantener Beschaffenheit
und doch so verletzlich und vergänglich.

Winter – ringsum erstarrter Augenblick,
eindringlich kalte Momentaufnahme,
besitzergreifende, bestimmende
und alles zur Ruhe zwingende Kraft.

Winter – du zeigst uns, wie beschränkt
und unbedeutend all unser Handeln doch ist,
dass du es über Nacht mit einem Hauch,
mit einem Wimpernschlag

zum Stillstand bringst...

∞

„Jedem Monat blüht sein Schönes,
selbst in Sturm und Schnee und Eis –
wenn man's nur zu finden weiß!"

(Johann Heinrich Voss, dt. Schriftsteller und Poet)

klangvolle Stille

(Gedanken an einem Dezemberabend)

Kurze Tage, lange Nächte. Das Thermometer zeigt mir die kalte Schulter und ringsum hüllt sich wie von Zauberhand alles in eine feine weiße Decke. Die Welt wird stiller, ruhiger, langsamer. Kälte, Eis und Schnee zwingen zur Gemächlichkeit und schärfen gleichzeitig die Sinne, alle sonst verborgenen Feinheiten neu zu entdecken. Kann man jetzt einfach das Winterwetter zum Anlass nehmen, um nicht aus dem Haus zu gehen? Wenn nicht jetzt, wann dann! Sich die Freiheit nehmen und unter dem gut begründbaren Vorwand des Schneetreibens eine Verabredung oder einen Termin absagen? Welch kühner Gedanke!

Doch wenn ich durch das Fenster blicke, dann bemerke ich schnell, dass ich mit meiner Überlegung vielleicht doch nicht der Einzige bin, denn draußen auf der Straße ist kaum ein Fahrzeug mehr zu sehen. Von den paar wenigen, die sich noch ins Freie trauen, dringt kein Laut zu mir, da der dichte Schneefall alle Geräusche schlucken will. Soll ich es wagen, diese seltene erzwungene Stille in mir aufzunehmen und ungewohntes, unbekanntes Neuland zu betreten? Darf ich mir an einem Dezemberabend die Freiheit nehmen, um vielleicht nur eine kurze Stunde aus dem gewohnten Trott auszubrechen? Eine kleine unerwartete Auszeit von der Hektik und den Zielvorgaben des Alltags? Kann ich eine solche geschenkte Stunde nützen, um in aller Stille vielleicht die vergangene Woche, den Monat oder das zu Ende gehende Jahr Revue passieren zu lassen?

Ja, ich kann und wer sollte mich jetzt daran hindern! Der plötzliche Schneefall schafft die Möglichkeit und die Gedanken sind frei. Es dauert auch nicht lange und die Fragen, die ich mir selbst stelle, sprudeln wie von alleine: Was war wichtig, was falsch? Was ist mir gelungen, wo habe ich versagt? Die positiven Aspekte bereiten mir kein Kopfzerbrechen, sie denken sich leicht und angenehm, doch mit den schwierigen Momenten des letzten Jahres habe ich noch immer meine inneren Kämpfe auszutragen.

Je höher der frische Schnee sich dabei legt, desto besser gelingt mir das stille Eintauchen in mich selbst. Was hat sich in den Erinnerungen ganz nach vorne gestellt, was klingt noch am stärksten nach? Sind es die wenigen Highlights oder doch die vielen Nebensächlichkeiten, die schon längst verdrängt schienen? Was klingt in Moll, was in Dur? Welche Töne möchte man überhaupt nicht enden lassen und welche kann man dagegen kaum ertragen?

Eine Ruhepause tut gut, eine unverhoffte, gar erzwungene Pause kann aber noch viel mehr. Gerade, weil eben nicht geplant und zuvor in den Terminkalender gestellt, kann ich in unerwartetes Gebiet vordringen und mich in neuer Umgebung, neuen Gedanken und in neuen Klängen wiederfinden.

Vielleicht kommen beim Nachdenken Zweifel am eigenen Handeln. Hat man sich auch immer richtig verhalten? Hat man sich Unmut aufgeladen, sind noch Baustellen offen? Wo sind die Misstöne? Und was ist alles gelungen, wofür darf man auch dankbar sein? Welches waren gute wertvolle Begegnungen? Was macht Lust auf mehr?

Beim ruhigen Blick auf die verschneite Welt legt sich auch ein wenig Zufriedenheit in mein Gemüt. Dieser weißen Decke gelingt es auf sonderbare Weise, all die Dinge, mit denen ich selbst noch nicht im Reinen bin, sanft, ja besänftigend zu überlagern. Und doch staune ich über mich selbst, welch Gedankentiefe mir in dieser Stunde möglich ist. Mir über mich selbst Gedanken zu machen, mich vielleicht neu zu orientieren und zu justieren gelingt ganz sicher nicht in der Hektik des Alltags. Aber in der Stille eines Dezemberabends können neue Töne, Klänge und Melodien vernehmbar werden und ein noch ganz leises, ganz neues Lied in mir erklingen lassen. Ja, in mir selbst neue Töne zu spüren, setzt gleichsam neue Reize und Perspektiven frei.

In dieser einen, still gewordenen Stunde steckt so viel wunderbare Macht. Einschränkungen und Hindernisse gibt es weiß Gott genug, aber in Gedanken kann ich mich freimachen, darf neuen Sichtweisen und Möglichkeiten Freiraum geben. Vielleicht gelingt es mir, etwas davon festzuhalten und in den neuen Tag oder ins neue Jahr mitzunehmen. Gute Vorsätze sollten ja nicht nur an Silvester möglich sein.

Mit diesem ersten wundersamen Schneefall ist meine Neugierde geweckt – und der Winter hat ja gerade erst begonnen...

∞

„Wer immer tut, was er schon kann,
bleibt immer das, was er schon ist!"

(Henry Ford, amerik. Unternehmer und Firmengründer)

offenes Buch

Voller Schrunden, grob und rissig,
eine tiefe Falte neben der anderen,
abgeschafft und müde,
so liegen heute deine Hände in den meinen.

Die Finger sind steif und verknöchert,
die Haut ist rau, übersät mit dunklen Flecken
und wenn ich darüber streicheln möchte,
dann fühlt es sich an,
als ob es Schmirgelpapier wäre.

Keine Kraft ist mehr in deinen Händen,
so viel haben sie gearbeitet, bewegt, geleistet.
Das ganze Leben, jeden einzelnen Tag,
und doch sind sie noch immer
voll Wärme und Liebe.

Jetzt dürfen sie sich ausruhen – deine Hände,
sie dürfen nachlassen, ablassen, loslassen
und sich in den Schoß legen.

So viel können sie mir sagen,
so viel darf ich in ihnen lesen – so viel!
Voll Ehrfurcht darf ich sie halten –
deine alten Hände.

Strohfeuer?

Es blinkt und glitzert wieder in allen Farben und einige stellen sich wahre Lichtorgeln aufs Dach oder in den Vorgarten. Nein, es ist wirklich nicht zu übersehen – Weihnachten steht greifbar vor der Tür! Wer da mit einer kleinen schwachen Lichterkette dagegenhalten will, hat keine Chance mehr. Das Fest braucht Aufmerksamkeit, Showeffekte und Überfluss. Doch im Grunde sind wir es, die meinen, so handeln zu müssen. Der eigentliche Sinn, der in Weihnachten steckt, wird durch diese grelle Beleuchtung, durch diese laute Lichtverschmutzung komplett aus den Augen verloren. Wie soll man sich denn auch besinnen, wenn vor lauter stromfressendem Lichtgewitter kein stiller Augenblick mehr möglich ist?

Vielleicht denken wir nur ein paar Jahre zurück, da war eine ins Fenster gestellte Kerze Licht genug, da war ein aufgehängter Strohstern deutlich sichtbares Zeichen. Und heute? Warum haben wir so unglaublich aufgerüstet? Ein Ausdruck unseres bewussten Innehaltens und Erlebens ist es sicherlich nicht. Das Fest der Liebe ist schon lange zum umsatzstärksten Kassenfüller des Jahres verkommen. Der Rubel muss rollen, der Handel will leben und sämtliche Hersteller und Importeure wollen vom

Christstollen ein möglichst großes Stück abschneiden. Das Christkind bringt die Geschenke und das war's dann auch schon!

Wem käme da noch in den Sinn, dass dieses Kind selbst das größte aller Geschenke ist?

Vielleicht sollte man zwischen all dem Trubel (der, wenn ich ehrlich bin, auch mich gerne ergreift) ab und zu ein klein wenig Verzicht üben. Einfach den blinkenden Rentieren mal den Stecker ziehen. Wenn dann eine Dezembernacht wieder dunkel sein darf, sich nicht nur optisch etwas mehr Ruhe über alles legen kann, vielleicht nimmt man dann das Flackern wieder wahr, welches eine kleine Kerze von sich gibt. Jetzt kann ein einfacher Strohstern, der vielleicht noch von den Eltern oder Großeltern selbst gebastelt wurde, so viel mehr Wärme ausstrahlen, als tausend moderne LED-Lichter.

Wenn ich mir vor meinem inneren Auge vorstelle, dass das Jesuskind selbst im Stroh gelegen hat, dann kann doch auch ein aus demselben Material, aber mit Liebe, Freude und Geduld gebastelter Stern ein ganz neues und doch schon so altes Feuer entfachen!

Grund zur Freude

„Jauchzet, frohlocket! Auf, preiset die Tage!" Das sind die bekannten Anfangsworte aus dem Weihnachtsoratorium von Johann Sebastian Bach. Jauchzen, frohlocken und preisen!
Schade, dass diese drei Wörter nicht mehr allzu oft in unserem Sprachgebrauch zu finden sind. Gut, zugegeben, sie sind schon etwas älteren Datums, und von daher ist manchem auch die Bedeutung nicht mehr so bewusst. Sollte hier eine kleine Wissenslücke vorhanden sein, könnten wir sie doch zusammen einfach kurz füllen.

„Jauchzen" – kommt laut Duden vom mittelhochdeutschen *juchezen* und bedeutet so viel wie: *Den Freudenruf „juch!" ausstoßen.* Also laut und deutlich seiner Freude kundtun. Sollte für uns kein Problem sein. Laut zu sein, das schaffen wir!

„Frohlocken" – ist zusammengesetzt aus *froh,* das auf indoeuropäische Wurzeln zurückgeht und *vor Freude erfüllt und glücklich sein* bedeutet. Auch hüpfen und springen, so wie ein *Fro(sch),* kommt aus der gleichen Wurzel. Auch das kriegen wir hin, vor Freude hüpfen und springen können wir schon als Kind. Das müssen wir nicht noch mal lernen!

Locken entstammt dem mittelhochdeutschen Begriff *löcken* und bedeutet *springen,* in weiterer Bedeutung auch, *wider den Stachel löcken,* also *sich widersetzen.*

Ich möchte gerne positiv denken und halte mich an die erste Bedeutung, da frohlocken ja als zusammengesetzter Begriff *vor Freude springen* viel mehr Sinn ergibt. Bringt auch mehr Spaß!

„Preisen" – kommt vom mittelhochdeutschen Wort *prisen* und bedeutet, *jemanden überschwänglich zu loben und dessen Größe anzuerkennen.*

Hoppla, jetzt wird es schon etwas schwieriger. Loben, Lob auszusprechen fällt uns nicht so leicht. Lob annehmen schon, das hören wir gern. Gut, wenn etwas wirklich super gelungen ist, wenn wir voll überzeugt und vor Staunen fast ergriffen sind, dann können wir auch preisen, sogar laut lobpreisen. Ja, auch das dürften wir hin bekommen!

Nimmt man jetzt alle drei Begriffe zusammen, dann müsste vieles möglich sein! Grund zur Freude, laut zu rufen, zu springen und zu loben haben wir an jedem Tag, dem wir achtsam begegnen! Sogar, wenn wir auf uns selbst achten! Vielleicht, wenn wir beim nächsten Friseurbesuch unseren Blick achtsam in den Spiegel richten – dann könnten wir schon mal mit frohlocken beginnen...

Von wunderbaren Mächten...

So kann es gehen, dass ich so voll bin,
so angefüllt mit Stimmungen,
Gefühlen und Gedanken,
dass es mich, weil ich eben nur Mensch bin
und nur eine Seele habe,
beinahe zerreißen möchte.

Dass ich alles, was mir durch den Kopf geht,
mir durch und durch geht,
ich nicht ausdrücken, nicht sagen und
noch nicht einmal aufschreiben kann,
weil es einfach zu viel ist.
Zu viel auf einmal, zu viel durcheinander,
einfach zu viel!

Das Wenige, das von all der Fülle in mir
nach außen dringt, von dem ich dann selbst Notiz
nehmen und überrascht werden kann,
lässt mich doch zufrieden sein,
gibt mir neue Kraft, neuen Mut
und sogleich wieder neue Ideen.

Das Wenige versöhnt mich aber auch
mit all den Dingen, all den Tatsachen,
die nicht so sind, wie ich sie vielleicht gern hätte.

Das Wenige als großes Glück zu begreifen,
lässt mich zufrieden werden, Luft holen,
zur Ruhe kommen und dankbar sein.

Weil das alles so ist,
und weil es so eingerichtet ist,
deswegen kann ich, ja deswegen muss ich
jeden neuen Tag so annehmen wie er kommt.

Ich darf allem, was er mir bringt, mit Hoffnung,
Offenheit und Freude begegnen,
weil ich weiß, dass mir im Grunde
ganz innendrin nichts geschehen wird.

Ja, so lässt sich's leben!

∞

„...von guten Mächten wunderbar geborgen,
erwarten wir getrost, was kommen mag.
Gott ist bei uns am Abend und am Morgen
und ganz gewiss an jedem neuen Tag."

(Dietrich Bonhoeffer,
luth. Theologe, Widerständler im 3. Reich)

Auf allen meinen Wegen?

Im Grunde kann ich doch ein uneingeschränktes Leben führen, immer das tun, was ich will und den lieben Gott einen guten Mann sein lassen. Warum soll ich mir über die Folgen meines Handelns Gedanken machen? Nach mir die Sintflut! Wobei, das mit der Sintflut ist ja schon erschreckende Realität. Bis in hundert Jahren sollen die Meeresspiegel bis zu einem Meter angestiegen sein und große, heute noch besiedelte Gebiete unbewohnbar werden lassen. Doch ich lebe ja heute, möglichst in Saus und Braus und meine Kinder und Kindeskinder sollen halt sehen, wo sie bleiben. Provozierend meinen Sie? Genau – und dazu noch volle Absicht! Dagegen wirken die Worte aus Psalm 91 fast wie aus der Zeit gefallen. *„Denn er hat seinen Engeln befohlen, dass sie mich beschützen auf allen meinen Wegen."* Konnte man sich zu der Zeit, als dies geschrieben wurde, schon vorstellen, vor welchen Abwegen uns seine Engel einmal schützen sollen? So wie die Menschen mit ihrem geliehenen Planeten umgehen, müsste dieser heute schon zweieinhalb Mal größer sein, um die Einwirkungen von bald acht Milliarden Bewohnern auffangen zu können. Die Wissenschaftler weisen uns immer eindringlicher darauf hin, dass wir die Veränderungen längst sehen können und wir machen trotzdem immer so weiter. Für uns in unserem hochentwickelten Land ist es selbstverständlich, dass wir ein Dach über dem Kopf haben, aus dem Wasserhahn kaltes und warmes Wasser fließt, wir im Sommer kühlen und im Winter heizen können. Doch damit sind wir eben in einer deutlichen Minderheit.

Werden seine Engel uns auch dann beschützen, wenn die Ungleichheit auf der Welt immer weiter zunimmt, wenn es zu immer heftigeren Verteilungskämpfen und Migrationsbewegungen kommen wird? Die Zukunft wird es uns lehren. In der Zwischenzeit könnten wir's uns auch leicht machen und Gott die Schuld für unser Versagen übertragen. Das wäre immerhin einfacher, als sich selbst zu stellen und Verantwortung zu übernehmen. Doch er wird uns auch hier die Entscheidung überlassen und uns die Freiheit geben für alles, was wir tun. Aber er gab uns zusätzlich den Verstand und die damit verbundene Möglichkeit, diesen zu nutzen. Leider sind gute Vorsätze in der prallen Fülle unserer Wohlstandsgesellschaft nicht leicht umzusetzen und gegen den Strom zu schwimmen war zu keiner Zeit die bequemste Möglichkeit des Fortkommens. Aber Gott baut darauf, dass wir die richtigen Wege finden und es somit seinen Engeln etwas leichter machen, uns zu beschützen. Ich glaube, die haben auch sonst noch genug zu tun...

Die wichtigen Begleiter

Man sollte sich die Frage stellen:
Passen meine Schuhe noch?
Sind sie mir zu klein geworden,
sieht man am Ende schon ein Loch?

Tagtäglich werden sie gefordert,
auf weichem Gras, auf hartem Stein,
so können meine Schuhe eben
nie von langer Dauer sein.

Ach, was könnten sie wohl sagen,
meine abgelegten Schuh –
manche war'n mit mir verwachsen,
manche war'n kaputt im Nu.

Wie sind sie wohl, die neuen Schuhe?
Sind sie sportlich, hart, bequem
oder sind sie mehr zum Wandern
oder schick zum Tanzen geh'n?

Ob die Neuen lange halten,
das weiß keiner so genau –
deshalb aber innehalten,
nein, das wäre wohl nicht schlau.

Ja, die Zeit vergeht im Fluge,
keiner weiß, was bald geschieht.
Das Leben sucht sich seine Wege
und das auf jeglichem Gebiet.

Wir wünschen dir stets richt'ge Schuhe,
die zu dir passen – jederzeit.
Die Füße bleiben zwar dieselben,
doch die Welt ist groß und weit.

Wir wünschen passende Begleiter,
finde deinen eig'nen Tritt –
und sind die Füße mal zu schnell,
egal, denn einer hält stets Schritt.

Nimmst du ihn mit auf deine Reise
kommst du immer an dein Ziel –
die Schuhe, sind natürlich wichtig,
doch Jesus gibt dir das Profil!

∞

„Danke dem himmlischen Vater, dass auf deinem Lebenswege so mancher Wegzeiger steht.
Und ist er auch von hartem Holz gezimmert – genug, wenn er dich vor dem Verirren bewahrt."

(Aus den Papieren eines Unbekannten, 1856)

gut verpflegt

„Herr! Schicke, was du willst,
ein Liebes oder Leides.
Ich bin vergnügt, dass Beides
aus Deinen Händen quillt.

Wollest mit Freuden
und wollest mit Leiden
mich nicht überschütten!
Doch in der Mitten
liegt holdes Bescheiden."

Was könnte man diesen eindrucksvoll bescheidenen Worten Eduard Mörikes noch hinzufügen? Mehr Gottvertrauen, Zuwendung und Gottesliebe sind doch nicht möglich! Sich über alles zu freuen und anzunehmen, was da kommen will, ist beinahe unvorstellbar. Hier legt jemand mit absoluter Zuversicht sein Leben in die Hände Gottes, mit der ebenso felsenfesten Gewissheit, dass ihm kein Schaden zuteilwerden kann, egal, was passiert.

Vordergründig eigentlich ein Widerspruch, denn Leid erfährt jeder von uns, jeder auf andere Weise. Wer aber die Liebe Gottes in sich aufgenommen hat, der erleidet niemals Schaden, denn er kann alles Leid immer in die Hände des Herrn legen,

sich entlasten, befreien und trotz des Leides vergnügt und erlöst sein.
Diese Liebe bewirkt ein vollkommen neues Denken in uns, lässt unseren Blick nicht auf die Schattenseiten des Lebens, sondern auf das Licht der Erlösung fallen.

Stellen wir uns einmal einen gedeckten Tisch vor: Sie sind eingeladen, vielleicht bei Ihrem Chef. Auf dem Tisch stehen dampfende Schüsseln angefüllt mit den verschiedensten Speisen. Doch es sind auch viele unbekannte Gerichte darunter – versalzene, scharfe, bittere und manches will Ihnen wirklich nicht schmecken. Doch Sie haben keine Wahl, denn Ihnen wird alles in den Teller vorgelegt, manchmal nur ganz wenig, dann wieder viel zu viel. Sie dürfen nichts auf die Seite schieben und müssen alles schlucken.
Der einzige Hoffnungsschimmer auf dieser vollen Tafel ist nur ein kleiner unscheinbarer Löffel, der quer hinter dem Teller liegt. Ja, und dieser kleine Gegenstand gibt Ihnen Mut durchzuhalten, nicht aufzugeben und froh nach vorne zu blicken. Ja, wir können uns sicher sein:

Das Beste kommt noch!

Nachwort

Bisher sind aus der Feder von Wilfried Albeck, immer unterstützt von seiner Frau Sonja, weit über zwanzig, überwiegend humorvolle Bücher in schwäbischer Mundart erschienen. Darunter auch drei Bildbände mit sehr feinsinnigen Texten.

Alle unsere Bücher sind im Handel zu erhalten oder können einfach auf unserer Verlagsseite unter www.saitenwurscht.de bestellt werden. Hier finden Sie auch weitere Informationen sowie Leseproben.

∞

Jetzt gilt es nur noch Dank zu sagen an alle, die uns bis hierher geführt und begleitet haben – und auch an Sie liebe Leserinnen und Leser, dass Sie bis zur letzen Seite durchgehalten haben.

Neue Impulse, Ermutigung und Gottes Segen wünschen Ihnen von ganzem Herzen

Ihre

Sonja und Wilfried Albeck